企业冠军之道

企业做大做强到做久的路径

周旸◎著

中国财富出版社

图书在版编目（CIP）数据

企业冠军之道：企业做大做强到做久的路径／周旸著．—北京：中国财富出版社，2016.5

ISBN 978-7-5047-6096-8

Ⅰ.①企… Ⅱ.①周… Ⅲ.①企业管理—研究 Ⅳ.①F270

中国版本图书馆 CIP 数据核字（2016）第 071205 号

策划编辑	丰　虹	责任编辑	姜莉君		
责任印制	方朋远	责任校对	杨小静	责任发行	邢有涛

出版发行	中国财富出版社		
社　　址	北京市丰台区南四环西路 188 号 5 区 20 楼	邮政编码	100070
电　　话	010-52227568（发行部）	010-52227588 转 307（总编室）	
	010-68589540（读者服务部）	010-52227588 转 305（质检部）	
网　　址	http：//www.cfpress.com.cn		
经　　销	新华书店		
印　　刷	北京京都六环印刷厂		
书　　号	ISBN 978-7-5047-6096-8/F·2572		
开　　本	710mm×1000mm　1/16	版　次	2016 年 5 月第 1 版
印　　张	13	印　次	2016 年 5 月第 1 次印刷
字　　数	180 千字	定　价	38.00 元

版权所有·侵权必究　印装差错·负责调换

前　言

中国民营企业转型升级做大的导航图

民营企业的"民营"，不是一个所有制的概念，而是从经营层面上说的，即以民为经营主体的企业。从生存环境来说，中国民营企业的现状是不容乐观的，近年来在总体上是有所恶化的。其根源是多方面的，但有三个主要原因不容忽视：一是中国民营企业家的背景决定了企业的现状；二是中国民营企业的发展阶段决定了企业的现状；三是互联网时代的冲击对中国民营企业的影响。在国内外严峻形势的多重压力下，民营企业的发展空间明显受阻，转型升级则是民营企业继续生存和发展壮大的必由之路。

中国很多民营企业家，尤其是改革开放之初发达起来的民营企业家，经过几十年的摸索前行与无序经营，凭借胆量和激情创下了基业，但经验有余，知识不足，难以适应日益规范化的市场经济尤其是网络时代的要求。企业家的整体素质的高低，决定了企业当前的现状，也直接影响到企业的综合发展前景。比如，现在民营企业中有很多"假冒伪劣"的现象、不重视保护知识产权，等等，这样是不行的。

新时期的民营企业家必须具备市场经济知识、法律法规知识、现代企业管理知识等，并在此基础上为企业导向。一方面，制定企业发展战略规划，企业家是企业制定发展战略的主导者和发起者，然后通过自上而下的沟通机制把战略意图传达给每个员工，从而转化为企业集体的行动方向和前进动力；另一方面，本着"爱国、敬业、诚信、守法、贡献"的要求，不断提高自身素质和员工素质，以诚信为基础，做到管理上有特色、经营上有诀窍、技术上有创新。同时，在人才的引进、开发、培育上要有创新，让员工在工作中充分展示自己的才华。民营企业家要有打造冠军企业的抱负，通过思想上的自我修炼、经营上的科学管理、技术上的不断创新，积极转型升级，向做大做强的方向迈进。

任何企业的发展都是分阶段的，民营企业的阶段性或许更为明显。认清并把握民营企业发展不同阶段的经营管理方式，就可以扬长避短，把该做的做好，不做不该做的，有所为有所不为，少走弯路，有效规避各种风险。

民营企业的发展阶段一般可以分为初创期、成长期和稳定期。初创期的权威管理，靠着老板的亲力亲为、奋力牵引，带领企业前进。成长期的制度管理，不再仅仅依靠老板个人，而是依靠管理团队，用制度和流程规范员工行为、经营行为，按照企业管理的一般规律把企业搞好。稳定期的文化管理，依靠专业人士从事专业管理，形成符合自身特色的核心理念和价值体系，打造自己的核心竞争力，促进企业的发展。这三个阶段均处于企业的上升阶段，而上升期的企业将不可避免地遭遇发展瓶颈，这就需要企业积极地实施转型升级，由此进入重组期。事实上，实施兼并重组是推动民营企业工业转型升级的战略举措，民营企业不仅要认清形势，还要抢抓兼并重组机遇，调整组织结构，改变经营模式，打造优秀团队。当然，这需要企业具备技术更新、预算控制和变革管理等方面的核心能力。

互联网对行业产生了巨大的影响，特别是对传统的行业影响比较大，而中国民营企业就处在这个旋涡之中。民营企业"拥抱"互联网受到三个层面因素的影响：个人因素、组织因素和环境因素。在个人层面，企业领导者的管理能力及人格特征，对企业"拥抱"互联网有显著的影响；在组织层面，大多数民营企业是在靠着老板文化或者"潜规则"运行，组织管

前言

理不规范，这显然无法适应互联网组织扁平化、平台化的要求；在环境层面，互联网时代的每一个环境都相当于一个新的操作系统，在这个新的环境里常常需要安装软件、保存资料，类似的操作都需要具备一定的网络知识和技术，这对传统的民营企业并非易事。在互联网时代多层面因素的作用下，民营企业受到的冲击和影响是显而易见的。

面对互联网时代的冲击，尤其是"互联网+"浪潮席卷而来，在挑战和机遇面前，民营企业要想站稳脚跟并获得发展，必须转变观念，制定新的发展战略，探索新的运营模式，掌握互联网技术，在经营和管理上增加技术含量，降低运营成本，增强市场竞争能力。

通过上述分析我们得出这样的结论：企业做大做强必须系统化、公司化运作，走出一条属于自己的"冠军企业"之路。这条路由七大核心路段组成，即核心领袖、企业顶层设计、卓越3P（人力资源管理的一种模式）绩效管理模式、营销进化、财务的三驾马车、传统产业的"互联网+"和团队重塑。

这七大核心路段包含了冠军企业之"道"和"术"，而这正是本书所全面阐释的。运用本书提供的路径，民营企业在从量变到质变的转型升级过程中，应当能够维持现有的赢利能力并控制风险，最终实现平稳过渡。

作　者

2016年1月

目录 Contents

第一章　冠军企业的密码 // 1
　成长的困惑：经营与管理的关系平衡 // 3
　系统化管理：冠军企业突破的前提 // 11
　冠军企业的突破路径 // 17

第二章　企业的核心领袖 // 23
　1号人物的修炼 // 25
　领导的思维模式 // 30
　变速领导力 // 38

第三章　企业的顶层设计 // 47
　商业模式定基础 // 49
　战略驱动经营 // 57
　企业的组织与决策营盘 // 66

第四章　卓越的3P绩效管理模式 // 71
　目标责任体系 // 73
　绩效管控体系 // 78
　薪酬激励体系 // 85

第五章　营销进化 // 99
　营销的战略规划 // 101
　营销的战术应用 // 114
　营销的资源管控 // 121

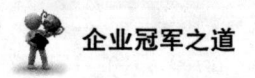

第六章 企业财务三驾马车 // 135
企业的赢利能力——损益表 // 137

企业的家底——资产负债表 // 145

企业的血液系统——现金流量表 // 152

第七章 传统产业的"互联网+" // 161
互联网思维 // 163

互联网组织 // 169

互联网技术 // 179

第八章 企业的团队重塑 // 183
成功的背后是优秀团队 // 185

优秀团队的行为标准 // 188

优秀团队打造 // 190

后　记 // 196

第一章

冠军企业的密码

一项体育竞技，通常只有一个冠军。但大家在参与的同时，是冲着更高更快更强的目标在前进。竞技场上如此，商场上亦不例外。行业冠军，是企业追求的目标，这不仅仅是因为冠军有着行业的话语权甚至是行业标准的制订权，还因为冠军通常亦是行业利润的最大赢家。冠军地位，众人觊觎，掉以轻心、半路歇脚，都会拱手让出宝座。那么，要成为冠军，如何保证管理与经营的双螺旋上升来获得企业利润与成长？如何把握管理与经营动态平衡这一冠军企业的关键？如何开拓企业转型升级的成长路径？这正是我们需要讨论的问题。揭示冠军企业的密码，旨在为中国中小企业摆脱困惑指点迷津，为中国企业健康成长出谋划策。

第一章 冠军企业的密码

成长的困惑：经营与管理的关系平衡

平衡是宇宙万物运化的总规律和根本大法，是中国传统文化长期积淀的理念，企业在经营管理中也离不开平衡思维。现代企业中的平衡思维是一种整体和谐的思维，具体来说，就是实现经营与管理的平衡。而这也恰恰是冠军企业的成功之道。

所谓的平衡，在经济学意义上讲，就是指在相互作用的关系中，每一方都同时达到了约束条件下可能实现的利益最大化目标，因而这种状态可以长期持续存在。具体来说，就是依靠管理上的高效率，来实现经营上的高效益。当然，经营与管理的平衡并不排斥企业在重点上的关注。企业依据对方向与节奏的把握，在一定时期将重点放在经营或管理上，正是为了在更高层次上实现两者的平衡。这是一种经营与管理的动态平衡。从世界一流企业的实践来看，因经营领域、服务客户的不同，在经营模式上差异很大，但不同经营模式的企业都取得了成功，也就是说，在经营上并不存在世界一流。但同样也会发现，那些世界领先的企业，都有一些共同的特征，就是世界领先的一流的管理，并实现与经营的动态平衡。

但在现实中，我们的很多企业没有实现这一平衡，即经营与管理是失衡的。主要表现是过分重视经营，将全部的精力聚焦于企业的效益，或者以经营替代管理，先进的经营模式与落后的管理模式并存。现实中一些只重经营不抓管理的企业的成功或辉煌案例，为很多企业忽视管理问题提供了借口。对于中国企业来讲，管理无疑是一块"短板"。结果是，管理蚕食了经营的效益，经营的效益因为失去管理效率的支撑，最后导致企业难以实现持续的存在。这就是企业成长的困惑。从长远来看，仅仅有经营的辉煌永远是短暂的，只有实现了经营与管理动态平衡的企业才能基业常青，成为商业领域的赢家。

1. 管理与经营两者的关系

管理与经营是企业两个永恒的课题，也是人们最熟悉的常用语，但常常被人将其等同或者混同。我们很多的迷惑，起源于对这些基本概念及常识的错误理解。了解管理和经营的概念、理念，把握两者之间的关系，是科学理解管理与经营的本质的第一步，也是正确把握企业政策的重要前提。

什么是管理？管理，是指管理主体有效组织并利用各个要素（人、财、物、信息和时空），借助管理手段，完成其所在组织目标的过程。企业的管理是对企业的生产经营活动进行计划、组织、指挥、协调和控制等一系列职能的总称。企业管理的内容包括了企业发展过程的全部工作内容，即通过计划、组织、控制、激励和领导这5项基本活动，来协调人力、物力和财力资源，从而使企业的整个活动更加富有成效。这也是管理活动的根本目的。

企业管理的分类有很多种，不同的划分包括了多种类型和内容。如表1-1所示。

第一章　冠军企业的密码

表 1-1　　　　　　　　企业管理分类及其内容

序号	内容
1	按照管理对象划分，可分为人力资源、项目、资金、技术、市场、信息、设备与工艺、作业与流程、文化制度与机制、经营环境等
2	按照成长过程和流程划分，可分为项目调研、项目设计、项目建设、项目投产、项目运营、项目更新、项目二次运营、项目三次更新等周而复始的多个循环
3	按照职能或者业务功能划分，可分为计划管理、生产管理、采购管理、销售管理、质量管理、仓库管理、财务管理、项目管理、人力资源管理、统计管理、信息管理等
4	按照层次划分，可分为经营层面、业务层面、决策层面、执行层面、职工层面等
5	按照资源要素划分，可分为人力资源、物料资源、技术资源、资金、市场与客户、政策与政府资源等

企业的管理理念是管理者的理性思考，管理理念的提升就是对管理的进一步认识，简而言之，就是对管理的重新定义。因此，企业管理的核心理念在于把握方向并迎接挑战。

一是把握方向。中国人做事情讲究"天时、地利、人和"，说的就是要把行动的目的和环境协调起来。企业生存和发展的社会环境包括政治和经济制度、市场（产品、劳动和资本），以及人的观念，等等。企业和社会环境之间存在着互动发展的关系。每个企业必须根据自己的具体情况和实际所处的环境来决定各自的发展目标。

二是迎接挑战。中国经济无论是在经济制度、市场还是人的观念上都是不完善的。从总体上讲，市场不完善所导致的弊端要远远大于它为个别企业带来的利益。随着中国经济的不断发展，企业的生存环境也在发生迅速的变化。中国企业必然是在适应和挑战这种变化中成长的。首先，中国企业在其成长过程中必须面对一个相对不完善的环境，学会在这种环境中生存；其次，中国企业必须清醒地认识到，它赖以生存的条件中哪些是落后的，是必然随着社会的发展而改变的，必须认识到任何力图维系这些条件的寻租行为从长期来看都无法拯救企业，企业应该积极地适应市场变化的挑战。

什么是经营？人类的一切活动都是经营，只要是有目的的、有意识的活动，就是经营活动。企业的经营是指以企业为载体或经济组织的物质资料经营，是指企业经营者为了获得最大的物质利益而运用经济权力，用最少的物质消耗创造出尽可能多的能够满足人们各种需要的产品的经济活动。它解决的是企业的发展方向、发展战略问题，具有全局性和长远性。目的是实现企业效益的最大化。

企业的经营方式有很多种，不同的划分又可以分成多种类型。如表1-2所示。

表1-2　　　　　　　企业经营方式划分及其类型

序号	内容
1	按企业战略类型和特性划分，可分为防御型、探索型和分析型3种，进而可以细分为经营评价、研发动力、生产管理、市场策略、人力计划与招聘对策6个方面
2	从经营角度评价划分，可分为3种类型：防御型谋求稳定可预测的市场，探索型随可变的市场而变化，分析型是一种稳定与可变的组合经营
3	从人力计划角度划分，可分为3种类型：防御型是一种填补的方式，探索型是一种随机的方式，分析型是一种预期的方式

一般认为，企业经营理念是对企业经营活动的目标、目的、原则等问题的思考和界定。我们通常可以将企业经营理念这一概念概括为3个组成

部分，即战略愿景、组织使命、核心价值观，每个部分的含义各有不同。

战略愿景，也被称为企业发展前景或者企业发展目标。它是支撑企业长期发展的远景目标，也是组织希望创造的未来景象。

组织使命，即"企业存在的目的"或者叫作"企业经营的目的"。如果说企业的战略愿景是企业争做第一，那么企业的组织使命就是企业如何争第一，或者说靠什么争第一。

核心价值观，也被称为企业的经营哲学。它是处理企业内部人与人之间关系以及企业与企业外部各种不同主体关系的最高依据和法则，是企业组织"做人"的总原则。

企业的战略愿景、组织使命、核心价值观之间既有区别也有联系。正因为它们三者之间具有的这种关系，实践中，有些企业把前者作为后者的广义部分来看待。这样，它们相互之间就形成了包含与被包含的关系。

管理与经营之间的关系是什么？经营是以客户为中心的，管理必须以工作绩效为核心。具体来说，管理与经营的关系包含以下几个方面的含义：

首先，经营与管理的区别在于，经营是对外而言的，追求从企业外部获取资本、项目建立自身的影响，从而获取利润；管理是对内而言的，强调对内部资源的整合和建立良好的工作秩序。经营追求的是效益——要赚钱；管理追求的是效率——控制内部成本。经营是扩张性的，要积极进取，抓住机会，胆子要大；管理是收敛性的，要谨慎稳妥，要评估和控制风险。

其次，经营与管理是密不可分的。经营与管理，好比企业中的阳与阴，"他"与"她"，必须共生共存，在相互矛盾中寻求相互统一：光明中必须有阴影，而阴影中必须有光明；经营与管理也相互依赖，密不可分。一方面，忽视管理的经营是不能长久、不能持续的，挣回来多少钱，又浪费掉多少钱，"竹篮打水一场空"，白辛苦。另一方面，忽视经营的管理是没有活力的，是僵化的，为了管理而管理，为了控制而控制，只会把企业管死；企业发展必须有规则、有约束，但也必须有动力、有张力，否则就是一潭死水。

再次，经营是龙头，管理是基础，管理必须为经营服务。企业要做大做强，必须首先关注经营，研究市场和客户，并为目标客户提供有针对性的产品和服务；其次基础管理必须跟上，只有管理跟上了，经营才可能继续往前进，经营前进后，又会对管理水平提出更高的要求。所以，企业发展的规律就是：经营—管理—经营—管理交替前进，就像人的左脚与右脚。如果撇开管理光抓经营是行不通的，管理扯后腿，经营就前进不了；相反地，撇开经营光抓管理，就会原地踏步甚至倒退。

复次，对于企业中的具体部门或个人，经营与管理的确应当有所侧重，并根据实际情况及时调整。企业中的各类部门、各级组织应该有一个大方向的分工，有的侧重于经营，有的侧重于管理。特别是在组织的迅猛扩张期，经营与管理的分工尤为必要。

最后，管理思想有一个相对稳定的体系，但企业的经营方法却要随着市场供应和需求因时因地而变化，但它又要靠管理思想来束缚。反过来，管理思想又要跟着经营、环境、时代、市场而调整。经营是人与事的互动，管理则是企业内人与人的互动。经营和管理应当同当前国际上先进的经济模式相结合，加强和利用信息产业技术给我们带来的便利，提高经营和管理的能力，使企业不断壮大和发展。

正确理解和把握经营与管理的关系，必须反对两种极端倾向：一种是"重经营轻管理"，另一种是"轻经营重管理"。"重经营轻管理"不良思想倾向主要表现在，不少企业为了赢利，一味简单地抢地盘、占市场、争人才、上规模，这是急功近利的典型表现，其结果是欲速则不达。因此，这样的企业，其管理部门不是用有能力的人充任，而是用一些从经营一线淘汰下来的既不懂经营又不懂管理的人，把非常重要的一些管理部门、管

第一章　冠军企业的密码

理岗位，如稽核、业务把关等当作摆设，足以看出其经营状况不佳和未来的前途渺茫。"轻经营重管理"不良思想倾向主要表现在，一些企业不计成本、不讲效益地盲目扩大企业规模，在其组织方式上至今仍未依靠完善、科学、理性的现代企业制度，而是依靠简单、感性、小恩小惠的"拉帮结派""营私结党"来治理企业，这样的企业怎么会避免内部的钩心斗角，怎么会有向心力、凝聚力而言，怎么能够长远？

2. 企业双螺旋发展：经营—管理—经营—发展

经营与管理是企业的两大主因，二者相辅相成，构成了企业的双螺旋发展趋势。双螺旋是对生物基因的一种描述方式，下面先从这方面做一个溯本求源的介绍。

1953年，美国生物学家詹姆斯·沃森和弗朗西斯·克里克等人发现了DNA（基因）双螺旋结构（见图1-1），并在此后的研究中证明了这种无所不在的DNA结构构成了生命个体遗传与变异特征的基础。正是这种无所不在的特性，使得"DNA"概念被诸多领域所借鉴。比如在经济学领域，美国学者诺尔·迪奇（Noel Tichy）提出了"企业DNA"概念，被普遍认为是企业成长的内在决定因素，是企业的基因密码。

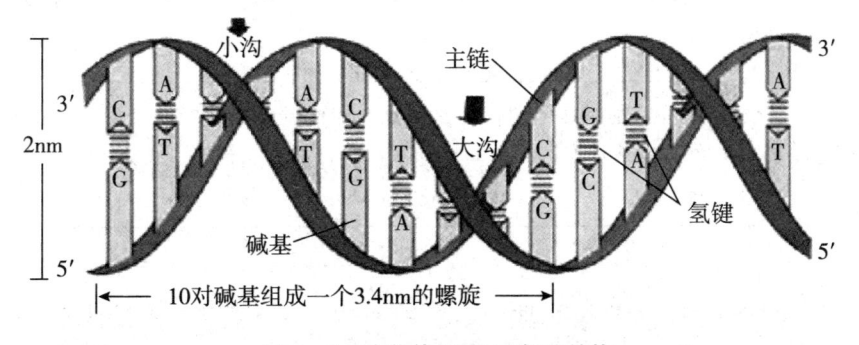

图1-1　生物体DNA双螺旋结构

怎么去解释企业 DNA？我们知道生物体 DNA 呈现双螺旋结构，其实企业 DNA 也是有双螺旋结构的。在图 1-1 的生物体 DNA 双螺旋结构中，排列在外侧的两条基本链分别对应经营链和管理链，排列在内侧的碱基对则分别对应经营理念、运行机制、核心技术和创新精神，这些都使企业呈现广泛的多样性，并形成不同的性状特征、成长过程和企业寿命。

在企业 DNA 理论发展的过程中，不同学者构建了不同的 DNA 模型，差异就在选择的模型结构组成要素上。一般来说，企业 DNA 有以下 4 个基本要素。如表 1-3 所示。

表 1-3　　　　　　　　企业 DNA 的 4 个基本要素

要素	内容
组织架构	组织的层次是什么样的？组织架构图内的线条和方框是如何连接的？组织由几个层次组成？每一层次有多少直接下属？
决策权	谁决定什么？决定的过程中有多少人参与？一个人是如何失去或者得到决策权的？
激励机制	每个员工都有什么样的职业目标、择业动机和职业选择？员工取得什么样的业绩才会被奖励？如何在物质上和精神上奖励员工？应当鼓励和引导员工关心哪些事情？如何鼓励员工？是采用直接方式还是间接方式？
信息传导	衡量员工业绩好坏的标准是什么？如何调整行动？如何培训员工？谁知道什么？谁又需要知道什么？信息如何从拥有者传递到需要者手中？

企业 DNA 为企业高级管理人员提供了一个形象的框架，帮助他们诊断企业的问题、发现潜在的能力以改变企业行为。通过这个框架来检查企业

的体系结构、资源和伙伴关系等方方面面，管理人员可以更容易地看到什么在起作用以及什么并不起作用，从而理解它们为什么会这样，并决定如何改变它们。

如果从企业DNA的角度来看中国企业，中国企业DNA健康状况并不乐观。在我国，大多数企业常常在组织架构、决策权、激励机制、信息传导这4个基本要素中出现问题，比如，存在过多的管理层，每一层有过多的管理人员但直接下属又过少；决策权不明确，经常朝令夕改；高层授权不当；绩效评估系统夸大员工业绩；信息流通不顺畅；等等。

中国企业发展的理想状态是：经营—管理—经营—发展，即企业经营活动与企业管理理念相辅相成，二者互相推进，交替前进，呈现出一种双螺旋上升趋势。这是冠军企业的成功密码，也是企业冠军之路的成功之道。

系统化管理：冠军企业突破的前提

企业只有进行系统化管理，才能全面提高竞争能力。系统化的方法，就是按照事物本身的系统性把研究对象放在系统的形式中认识和考察。具体地说，从系统的观点出发，始终着重从整体与部分要素之间、整体与外部环境之间、部分要素与部分要素之间的相互作用和相互制约的关系中考察对象，从而达到最佳的处理问题的一种方法。系统化管理不仅是企业转型的必然选择，也是冠军企业突破的前提。

从企业成长历程中可以看出，系统化管理是企业成功的最大奥秘。为此，企业需要了解企业成长周期，感受系统化管理的意义，并建立起完备、有效的企业系统化管理体系。

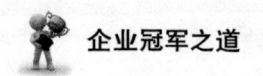

1. 了解企业成长周期

了解企业成长周期，有助于我们理解企业系统化管理的作用和意义。

有的企业经营者说自己的企业很小，其实大企业也是由小变大的。一个企业在整个由小变大的过程中，一定会经历一些转型。为了让企业了解企业成长周期，现在把企业成长周期绘制成如下模型，并结合不同时期的战略任务来加以说明。如图1-2所示。

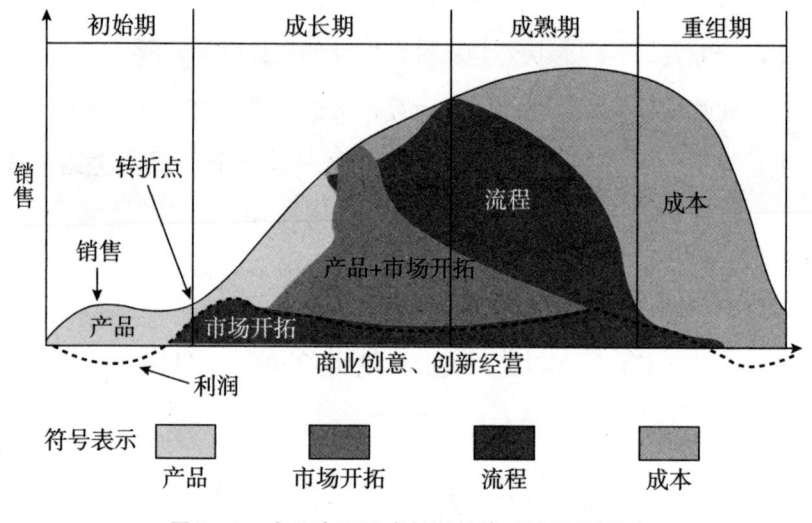

图1-2 企业在不同成长期的战略性任务模型

初创期的企业，目标明确，激情四溢，团队向心，诚信相待。通常这时企业的人数还少，不需要繁复的流程和规则，更多是靠彼此间的信赖来促成工作，时间、效率仿佛就是一切。处于初创期的企业，精致经营才是关键，赚钱才叫做对，跟企业规模大小无关，跟业绩无关。固然业绩也是企业追求的，可是业绩是虚的。企业经营不要在乎规模大小，要在乎有没有获利，这才是关键。初创就是一个建立期，以一般的企业来讲的话，这个初创期大约会是在创办开始的两年之内。意思就是说如果两年内没有让

第一章　冠军企业的密码

企业稳固住的话，它就上不了成长期，会在初创期就结束掉。所以，初创企业在两年之内的任务就是"求活"！在求活的过程上，我们就要非常地努力；同时，初创期的企业从"草莽"变"将军"，需要经过训练，还要看愿不愿意，要看资质够不够。

成长期的企业特点是业绩快速增加，利润也快速增加。成长期虽然机会很好，利润挺高，可是危机跟着出现。为什么在成长期的阶段，会有10%的机会中箭落马？就是因为疏于内部的防范和管理，所以在快速成长过程上，就会被淘汰出去。成长期业绩快速增加，利润也快速增加，但快速成长以后，又会面临临界点。所以在成长期不要过度乐观，要注意快速成长后的这个临界点，这是一个转折——有的转好，有的转坏。

成熟期是企业发展的最高境界，世界上最好的企业都达到了这个阶段。企业这个时候形成了一套切实可行的管理办法和赢利模式。企业管理趋于正规化，但是在中国很多成熟期的企业在企业文化方面显得很不成熟。事实上，一个成熟的企业知道自己的目标在哪里，也知道要达到这个目标需要做些什么。有的企业，如麦当劳、联邦快递、迪斯尼等，它们从创立之初就直接进入了成熟期。它们的开创者从一开始就有着与众不同的视角，他们知道企业应该是什么样子的，并了解企业应该怎样运转。他们的企业，尽管规模大小不同，但是从一开始，其运转方式就是正确的。这样的企业能够轻松地跨过初创期和成长期。成熟期不可能走到永远，因为外在环境变化太快，这时企业就会进入重组期。

重组期的企业就要面临经营模式的改变、组织的调整，团队要更上一层楼。重组成功就上去，重组失败就下来，其关键因素在于：经营模式有没有推陈出新；组织有没有跟着变动，是采用中央集权、授权还是分权的模式；团队是不是优质的。

对于企业的整个成长周期及各个时期的经营战略，我们以表1-4作为总结概括。

表1-4　　　　企业的整个成长周期及各个时期的经营战略

成长周期	发展目标和战略	管理结构和重点	所需核心能力
初创期	仅有商业构想，努力推出能满足特定市场需求的产品和服务，争取生存	组织规模小，结构简单，管理权力高度集中，没有规范的治理流程，因人设事	商业眼光、研发能力、推销能力
成长期	需要有明确的市场目标和经营策略，积极参与竞争，建立管理规范，追求更大的发展	组织迅速扩大，职能部门陡增但分工不明、调整频繁；逐渐规范内部管理制度和预算体系，大量吸引人才，重视激励机制	市场营销、组织协调、财务管理
成熟期	市场份额稳步扩大，建立以赢利为目标的经营战略，强调财务监控	组织基本稳定，管理渐成规范化、制度化，重视预算、成本、业绩管理，重视人员培训	技术领先、社会联系、专业管理
重组期	亟须确定新的发展方向和发展战略，进行必要的重组和并购	组织增加，责权再划分，管理体系全面提升，需要控制费用和成本，加强预算控制	技术更新、预算控制、变革管理

从企业的成长周期来看，企业系统化管理直接影响到了企业竞争力的强与弱，决定了企业能够发展到哪一步。事实表明，小企业靠老板，大企业靠系统。系统化管理对于小企业而言，综合能力越强其发挥的价值也就越高。比如，作为一个小型企业的老板，既有专业知识，又有领导才能，而且人品还很健全的话，企业未来的发展势必走上升趋势。而对于大型企

业而言，系统化运作管理能力就是一种包含产品力、营销力、管理力和文化力等在内的综合能力，是企业真正可持续发展的核心竞争力。如果一个企业既具备产品力、营销力，又具备文化力、管理力的话，这个企业就一定能做得更长久。

2. 系统化管理的意义

中国企业不缺产品制造力，也不缺市场力，恰恰就缺乏系统化管理能力。很多企业因为饱受管理混乱之苦，就花钱引进一个ERP（企业资源计划）软件，这其实只是一种标准化的信息化管理操作系统，也是企业众多管理系统中的一个小系统。真正的系统化管理，需要建立基础性管理系统，由此培养和逐渐形成系统化管理能力。

企业必须具备8个基础性管理系统，即市场管理系统、研发管理系统、营销管理系统、人力资源系统、生产管理系统、质量管理系统、行政管理系统和财务管理系统。这8个基础管理系统既自成体系，又互相作用、互为依存和制约，但是缺一不可，任何一个有问题或者不完善都会降低企业的系统化能力。

但是，建立了管理系统还不是系统化管理，更不是系统化能力。系统化运作管理应该具备如下作用：将复杂问题简单化、将简单问题程序化、将零散问题系列化，变拍脑袋决策为系统化思考、变救火式管理为科学化管理，让成功经验顺利复制。在这个意义上而言，系统化管理就必须让企业各个系统运行高度规范化、科学化和程序化。这也就是现代化管理的基本含义。

3. 企业系统化管理

系统方法是一种满足整体、统筹全局、把整体与部分辩证地统一起来的科学方法。那么，如何应用系统化的方法，建立科学的系统化管理？需要从以下三个方面入手：

一是加强管理方法的科学依据。在管理实践中，要不断促进管理方法的建设与完善，使管理方法更加科学有效。其中，最重要的就是要加强管理方法的科学依据，要使其符合相关客观规律的要求，更好地体现管理机制的功能作用。要弄清管理方法的性质和特点，正确地运用管理方法。管理者若决定采用一种管理方法，必须弄清其作用的客观依据是什么，方法对被管理者的哪个方面起作用，是否能产生明显的效果，以及方法本身的特点与局限，以便正确有效地加以运用。研究管理者与管理对象的性质与特点，提高针对性。管理方法的最后效果，不但取决于方法本身的因素，还取决于管理双方的性质与特点。既要研究管理对象，又要研究管理者自身，这样，才能使管理方法既适用于管理对象，又有利于管理者优势的发挥，从而，使管理方法针对性强、成效大。

二是了解与掌握管理环境因素，采取适宜的管理方法。由于管理环境是影响管理成效的重要因素，因此，管理者在选择与运用管理方法时，一定要认真了解与掌握环境变量，包括时机的把握，使管理方法与所处环境相协调，从而更有效地发挥其作用。

三是注意管理方法的综合运用。不同的管理方法，各有长处和局限，各自在不同领域发挥其优势，没有哪种方法是绝对适用于一切场合的，也没有哪种场合是只可以靠一种方法的。因此，要科学有效地运用管理方法，就必须依目标和实际需要，灵活地选择多种方法，综合地、系统地运用各种管理方法，以求实现管理方法的整体功效。

第一章 冠军企业的密码

冠军企业的突破路径

民营企业大多已经走过了初始发展阶段，逐步进入了一个全新发展的新时期。这一时期，转变发展方式已经成为民营企业能否可持续发展的重要前提。民营企业转型的路径除了市场路径和政策路径，管理转型更多地依赖于自身的系统化管理，并把握系统化运营的核心。

1. 企业从创业到发展的转型意义

转型在任何成长型企业发展过程中都是一个永恒的主题。很多决定转型的创业者为什么没能早些转型？原因大致有三：一是虚荣让创业者得出错误结论，活在自己的世界中，无法认识到转型的必要性；二是没有一个清晰的前提假设，创业者几乎不可能经历完整的失败，而未经失败的人通常很难产生冲劲儿，做出根本的转型；三是心存恐惧，担心愿景还没得到被证实的机会，就被认定是错误的。

企业转型既是企业发展的内在要求，又是企业顺应外部环境变化的必然选择。转型能够加快推进企业进步，使企业进入良性发展轨道；如果行动迟缓，不仅资源环境难以承载，而且会错失重要的战略机遇期。这是企业从创业发展到转型的根本意义所在。具体来说，体现在以下几个方面，如表1-5所示。

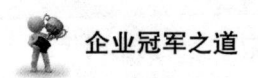

表1-5　　　　　　　企业从创业发展到转型的根本意义

事项	含义
转型才能适应内外环境变化	自2008年发生国际金融危机以来，我国企业面临着更为严峻的经营环境。金融危机使世界经济格局发生了重大变化，全球经济进入中低速增长阶段，国际贸易保护主义壁垒日益深化，人民币升值压力加大，直接影响我国的对外贸易，国际市场的压力从客观上要求民营企业必须加快转型升级步伐。从国内环境来看，一方面，我国正处于第三次消费结构升级阶段，生存型消费向发展型消费和享受型消费转变，将会为企业创造广泛的服务业需求；另一方面，我国企业已经进入高成本时代。资金困难、生产成本上升、通货膨胀等一系列因素，进一步加大了企业生产经营压力。因此，加快转变经济发展方式，坚持把经济结构战略性调整作为加快转变经济发展方式，这是当前的主攻方向。积极实施转型升级成为我国企业顺应经济发展趋势，抓住机遇、应对挑战的必然选择
转型才能满足企业发展现状要求	长期以来，企业大多属于劳动密集型企业，所从事的行业多为传统产业，企业管理多为家族式管理，主要依赖低工资成本、低环境成本、低资源成本竞争和个体分散竞争，基本处于产业链分工的低端位置，缺乏核心技术和自主品牌，严重制约了地方经济由粗放型向集约型的转变，也制约了企业经济持续发展壮大和效益的提升。因此，借转型升级以提升科技含量和产品附加值是企业实现可持续性发展的必然选择
转型才能化解高成本压力	从成本构成来看，原材料价格上升、节能减排压力增大、能源价格市场化和利率市场化改革、工资成本上升和社会保障水平提高等所带来的成本提高已成为发展的大趋势，以牺牲环境和劳动者福利获得低成本资源和廉价劳动力的时代已不复存在。企业只有转型升级向产业价值链高端延伸，才能够消化经营成本上涨的压力
转型才能获得市场竞争优势	一些存在严重发展困难的企业主要问题是缺乏适应能力和竞争能力，这些企业落后的产业形态已不能适应激烈市场竞争的要求，甚至危及到企业的生存，不转型就有可能被市场所淘汰。因此，当前某些传统企业的转型是生存倒逼之下的转型。只有加快转型升级，增强核心竞争力才能使企业真正摆脱困境，并具有持续发展的能力

2. 民营企业产业化转型的7个核心

目前，中国民营企业要想从根本上解决生存和发展问题，必须解决目前制约企业生存和发展的三大基本瓶颈问题，即企业家素质转型、管理转型和产业化战略转型。民企产业化战略转型首先要树立战略转型意识，突破观念障碍，把握产业化战略转型的7个核心。如表1-6所示。

表1-6　　　　　　　民企产业化战略转型的7个核心

核心	含义
从"朝阳产业"向"战略产业"整合调整发展转型	朝阳产业可以被认为是新兴产业，具有强大的生命力，是技术的突破创新带动企业的产业，市场前景广阔，代表未来发展的趋势，一定条件下可演变为主导产业甚至支柱产业。但是风险性依然存在，如果技术周期预计错误，就会误入技术陷阱，使投资血本无归，而战略产业则是通过政府支持能够获得内生竞争优势、对国民经济具有强烈带动作用的新兴产业，产业的政策支持具有一定的前瞻性
从"多元化经营"向"归核化经营"转型	中国社会市场经济在越来越多的行业全面深入展开，同时如此迅速而且深入地融入国际经济，给中国的企业带来了更加直接和巨大的影响。换句话说，我们必须接受越来越多的国际游戏规则。当市场竞争比较弱的时候，企业使出两三成力气就可能获得成功；当竞争越来越激烈的时候，企业把所有的力气都用在一点上也可能只是获得了生存的空间。随着中国市场竞争的不断加剧，中国企业也会逐渐地提高专业化经营的程度，走向归核的道路。在新的生存环境下，以退为进，首先做强，是进一步做大的必经之路
从"跳跃式战略"向"可持续发展战略"转型	与我国经济高速增长的背景相适应，这些年有些企业心态浮躁，希望超常规、跳跃式发展，短期内打造巨型企业。但是，由于管控能力难与扩张能力相匹配，抵抗风险能力差，一遇到"风吹草动"，企业就可能走向衰败。而可持续发展的企业，是着力打好企业基础，追求成长速度与成长质量、扩大规模与增加效益、有形资产与无形资产增长的有机结合。中国企业着急去做世界500强，还不如踏踏实实做足500年

续表

核心	含义
从"低成本战略"向"差异化战略"转型	根据目前的市场供求状况和发展趋势分析，商品生产重合度过高导致商品市场供过于求是制约中小企业发展的最主要因素，所以，采取差异化战略是中小企业必需的、首要的发展战略。当一个企业向其客户提供某种独特的有价值的产品而不仅仅是价格低廉时，它就把自己与其竞争对手区别开来了。差异化可以使企业获得溢价，即使在周期性或季节性经济萧条时，也会有大量忠诚的客户。如果实现的溢价超出了为使产品独特而追加的成本，则差异化就会带来更高的效益
从"弱、小、散"向"提高产业集中度战略"转型	提高集中度，第一是实现规模化生产、发挥经济规模效益、合理配置资源的需要；第二是有利于产业提高自主创新能力、开发技术和市场，适应全球化的要求，提高国内外两个市场的竞争能力、不断发展壮大；第三是保持产业持续健康发展，促进产业由大到强的转变，使之成为具有国际竞争能力的现代化工业的保障。例如，我国水泥企业数量众多，不仅是集中度低下的原因，更重要的还在于它是过度竞争、无序竞争的根源
从"经济区域不均"向"梯度转移战略即产业转移"转型	梯度转移战略是一种区域非均衡发展战略。例如，我国纺织业发展本身存在区域不均衡现象，而国际间纺织业竞争优势也在动态调整中，这为浙江纺织业统筹实施国内产业转移和"走出去"战略创造了条件
从"贴牌加工"向"自主品牌"转型	实现自主品牌，一是必须重视品牌意识和品牌定位。品牌意识是指一个企业对品牌和品牌建设的基本理念，它是一个企业品牌的价值、竞争、发展、战略和建设等多种观念的综合反映。相比之下，品牌定位就显得尤为重要了，它可以帮助品牌树立形象，也能体现品牌的个性。二是适时推动营销战略的转型。所谓战略转型就是抛弃价格战，转向价值营销，转向品牌效应，转向技术、品质、质量领先、服务优秀和国际化。三是发展核心知识产权的技术标准。企业要加大对自主品牌研发资金投入力度，国家要加大对自主品牌的支持力度。四是加快推行产品国际论证。最为关键的是要保证论证的高质量，即通过国际普遍的认可的机构论证，以便能进入更多国际市场。如世界各国都有 ISO9000 体系论证机构等

第一章　冠军企业的密码

总之，民营企业家在现今的严峻形势下，都应好好审视自己的企业、产业是否真的有全球竞争力，要敢于放弃未来没有竞争力的产业。产业结构提升是龙头，可以确保企业的技术竞争力，拓展产业链条，在行业发展中处于领先地位，并使企业在竞争环境中能够长时间取得主动的核心能力。

值得一提的是，转型是一种特殊的改变，一般包括如下方式：一是放大转型。即将之前被视为产品中的某个功能特性，转型成为产品的全部。二是缩小转型。即把原来的整个产品转化为一个更大型产品中的一项单独的功能特性。三是客户细分市场转型。企业意识到开发的产品确实解决了真实顾客的真实需求，但这类顾客并非企业原来打算服务的顾客。转型时，把这类顾客定为主要服务对象。四是客户需求转型。有时候顾客可能有另外一些重要需求，只要企业重新定位现有产品，问题就能得到解决。五是平台转型。是指从应用产品转化为平台产品，或反方向的转化。六是商业架构转型。企业一般会在两种主要的商业架构中选其一，即高利润低产量（复杂系统）模式，或低利润高产量（规模运营）模式。七是增长引擎转型。只要企业放弃了过去复杂的销售流程，转向针对终端顾客"直接销售"，那么渠道转型就发生了。八是技术转型。是一种用来吸引并保留现有顾客群的可持续创新，是一种递增式的改进。总的来说，转型并非仅仅是一种改变，它是一种有组织、有条理的特殊改变，用以测试一个关于产品、商业模式和增长引擎的新的基础假设。

第二章

企业的核心领袖

企业的核心领袖是影响企业至关重要的因素，正如柳传志所说：不论传统企业还是互联网企业，一把手起着关键作用。企业获得成功的方法很多，坚持以客户为导向、超凡的市场战略、热情的员工队伍，这些都是影响企业获得成功的因素。而企业核心领袖所体现的领导力是成功企业必须关注的，因为领导力是驱动其他因素的核心所在。如何关注企业核心领袖的领导力？如何发挥企业核心领袖的领导力作用？首先需要作为企业"1号人物"的企业核心领袖加强自我修炼，同时还需要更新思维模式，致力于"领导"而不是"管理"，进阶提升领导力。这是企业发展的要务，也是企业核心领袖素质和能力的具体体现。

第二章　企业的核心领袖

1号人物的修炼

企业1号人物是企业的主要领导者,是企业的核心领袖。一个企业的兴衰成败,取决于1号人物自身的综合素质。1号人物的素质修炼是核心中的核心,具体包括目标愿景、宽阔的胸怀、"将之五要"三大主项。

1. 目标愿景

1号人物必须具有前瞻性的眼光,为企业确立目标愿景,为企业发展制定正确的战略,遵循时代节律,把握先机。"让每个人都拥有一辆汽车"是汽车大王亨利·福特在100年前为福特汽车提出的愿景;"把欢乐带给世界"则是迪斯尼刚建立时的目标……可以这样说,愿景已经成为牵引企业领导者前进的动力,成为1号人物领导企业迈向目标的武器。

目标宏大、需要长期坚持奋进是愿景的两大基本特征。但也正因为如此,企业愿景一旦设定规划不好,往往就会变成好高骛远的空话,与空喊口号无异。要想让企业愿景成为振奋士气、催人前进的武器,以下4个方面必不可少。如表2-1所示。

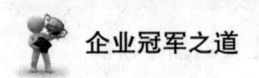

表2-1　　　　　　　　实现企业愿景的四大秘密武器

武器	含义
景象清晰	实现企业愿景的战役就是一场持久战，这很好理解，但愿景的清晰化呢？它首先应该如图像般可描述、可感知，其次愿景之后必有支撑。以世界纸业十强之一的APP（亚洲浆纸业有限公司）为例。这家企业的愿景是"透过林、浆、纸一体化，建设成为世界最大、最强的绿色循环产业"。过程、目标、产业限定都有了，可是何为一体化、最大、最强与绿色循环呢？APP用每一个结点的清晰实现了企业愿景的清晰化。比如"绿色循环"就被清晰地定义为"植树造林及制浆造纸的绿色大循环，到废纸回收还原再生的小循环"
看得见的好处	目标再伟大、口号再煽动、1号人物的讲话再有感染力，如果没有员工看得见的好处，顶多也只能换来一时的振奋。在世界500强企业3M公司实现企业愿景的征程中，就很好地将员工的个人愿景与企业愿景进行了统一。比如，你要当发明家，要做自己产品的操盘手，你就可以向公司申请资金用于启动自己的个人项目，时间控制在工作时间的15%以内即可，公司也允许项目的失败。正是这种将企业愿景与个人愿景相互转化的做法，让3M公司在百余年历史中开发了6万多种高品质产品，并总能快速推出令人耳目一新的产品
合理分解	每一个愿景都是堪称伟大的，都不是一蹴而就的，正因如此，将愿景进行分解，就更显其必要性。一是分解不同的阶层，如高层、中层、基层员工，找到那些求同存异的契合点。二是分解不同的过程目标，即围绕终极目标而设定一个个更容易达成的过程任务。三是分解支撑的细节。一个愿景需要许多的支撑点。如海尔将"员工心情舒畅、充满活力地在为用户创造价值的同时体现出自身的价值"愿景分解为迅速反应，人才竞争，先卖信誉、后卖产品的营销信念等，无不在支撑海尔人对企业愿景的理解与追求
不同的达成环节	企业愿景最开始往往是1号人物心中的图腾，但要实现，最终却需要兼顾员工的个人愿景，把它变成大家的共同追求。为此，如下两个环节显得异常重要：一是时刻的灌输，二是在坚持中动态调整

第二章　企业的核心领袖

2. 宽阔的胸怀

1号人物必须具备宽阔的胸怀，这是一种不可或缺的正能量。胸怀从低到高可分成以下七重境界：

一是容人之短，不求全责备。1号人物要允许下属有短处，这属于1号人物的底线标准。著名管理大师彼得·德鲁克曾经指出：倘要所用的人没有短处，其结果至多只是一个平凡的组织。所谓样样都是、样样精通，可能一无是处、样样稀松。有高峰必有深谷，才干越高的人，其缺点往往也越显著。正如列宁所说："一个人的缺点就是优点的延续，优点是缺点的延续。"

二是容人之异，接纳多样化。承认差异，就是要承认人的秉性、能力方面的差异，承认利益方面的差异。时代发展到今天，管理学在对人的认识上应该与时俱进，应该明确认识到，有差异是好事。差异可以互补，可以相互启发，可以打破原先习惯的路径依赖，可以产生不同的新见解和新思想，找到改善的新路径。因此，要把平台做大，就要接纳员工的多样化与差异化。

三是容人之过，免去下属隐忧。"人非圣贤，孰能无过？"如果总盯着下属的短处和过错，就可能束缚下属的手脚，弱化了他的探索意识。容人之过，还包括包容别人的误解、委屈，宽容下属的一些偶然出现的无礼、失态，乃至某种程度的背叛行为。

四是容人反对，听进批评意见。如果一个领导者只能听赞歌，听不进不同意见，就会严重抑制那些由少数派提出的、可能是不同寻常的观点，就有可能犯错误。所以，能虚怀若谷，听不同意见甚至是反对意见，是应该做到的。

五是容人之长，不嫉贤妒能。容人之长，包括能与别人分享对方的喜悦、得意，能为别人提供表达喜悦的机会；允许他人在某些方面比自己强；不妒忌别人的长处和成功。要容人之长，有"甘为人梯"的精神，乐于别人在工作上、事业上超越自己，不嫉贤妒能。

六是容人分享，不独占资源。管理的过程常常需要分享，分享客户、财富、荣誉、机会、平台，乃至权力，等等，总之，需要分享资源。分享资源比容人之长有些难度，因为把自己所拥有的拿出来分享，意味着损失。因为资源的稀缺性，不独物质资源，其他资源，包括权力、荣誉、机会等资源都是稀缺的，人对损失更敏感。乐于分享财富、机会、权力等资源的人，可以吸引到更多的追随者。

七是无私。无私是胸怀宽广的最高境界。无私，需要牺牲眼前的一些既得利益，需要适当改变人的天性——自私或者至少是以自我为中心。不以自己为中心，而以团队利益为中心，为了团队利益，可以牺牲自己的局部利益，不"沽名钓誉"，甚至可以牺牲自己长远的青史留名、流芳百世的机会。领导者的无私靠他律几乎不可能，一定是自律和发自内心的对愿景、使命的追求。领导者若能做到这个层次，自然会赢得他人的跟随、服从、合作、尊重与忠诚，赢得下属的信任、信赖、信服。

3. "将之五要"

千军易得，一将难求。同样一支部队，让不同的军首长来率领，其战斗力可能大相径庭。找到一个好的将军，才有可能造就百战百胜的军队。在企业的领导实践中，其理亦然。对一个将军的素质要求，在不同的大环境下，可能略有不同，有时从中正，有时从权变。在这里，《孙子兵法》所言"将之五要"，即"智信仁勇严"五者，可供参考。如表2-2所示。

表 2-2　　《孙子兵法》所言"将之五要"及其释义

五要	释义
智者	所谓智者,乃知识与判断也。作为企业的 1 号人物,应当具备相应的知识,能做出正确的判断。孰正孰误,孰是孰非,孰长孰短,孰高孰下,孰缓孰急,孰重孰轻,必须要能了然于胸,如此,于"多方适应"之中,方能应对无误
信者	所谓信者,乃信用与信服也。佛家说,信不足则多言。作为企业核心领袖,如果事事都三令五申,则必然是信用不足,而如果信用不足,则必然无法高效地率领成员作战。建立自己的威信,当属企业核心领袖自我修炼的第一要事
仁者	所谓仁者,乃关心与沟通也。孟子说:"君之视臣如手足,则臣视君如腹心;君之视臣如犬马,则臣视君如国人。"领袖必须关心其成员,成员才会积极响应领袖的号召。成吉思汗在带领手下部卒进行魔鬼训练时说过:"一个好的将军当感觉到自己累了,就应该马上想到他的士兵也累了,马上就应该考虑是不是要适当休息了。"接着成吉思汗的话往下讲,不管能不能休息,企业核心领袖都要与人进行适当的沟通,比如:"大家是不是都累了啊?"
勇者	所谓勇者,乃冒险与责任也。无论是在军队作战,还是企业经营管理中,都没有百分百保险的事。风险,是经营的内在元素之一。作为企业的 1 号人物,必须要有勇气,敢于有选择性地冒险,同时也要勇于承担一旦决策失败带来的后果,这就是责任。特别是在一个未知的领域,如 20 世纪 90 年代做电子商务,现在看来当时的勇气比智慧显得更为重要
严者	所谓严者,乃制度与赏罚也。家有家规,国有国法,军队有军队的作战纪律,企业有企业的管理制度。严,就是要严格执行这些制度。有"法"可依,有"法"必依,执"法"必严,违"法"必究。如果有些制度得不到不折不扣的执行,不如废弃,以免影响那些好的制度的可信度。而制度的执行,究其最有力者,必为赏罚,因此,赏罚均须按规定严格执行

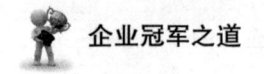

严可立威，而威与信紧密相关。因此，"智信仁勇严"五者，彼此皆互有关联，不可偏废。只是在不同的大环境中，1号人物个人不同的发展时期，稍有差异而已。

领导的思维模式

管理中我们遇到的所有问题归根结底都是思维问题。企业经营管理并没有什么高深的理论，其所有的经营管理措施无不是根植于"有效利用资源"这一最简单的思维。之所以将资源效率思维定义为"领导者思维"，并不是说这种思维方式为领导者所独有，而只是说这种思维方式在领导者身上表现得特别突出。

某连锁酒店CEO（首席执行官）郑南认为，我们的总店数会成为业界第一，主要是我们的"快"。事实上，这"快"的背后是思维，该酒店掌舵7天的高管几乎都是IT（信息技术）人出身，他们用数字的思维介入经济型酒店行业，正如郑南所说，"人力结构永远跑不过技术结构"。在这样的思路下，该连锁酒店在经济型酒店中新开店数量处于前列。

与一般思维方式不同，所谓"领导者思维"，就是从"资源效率"的视角来看一切经营管理活动，它关心的是如何提高各种资源的利用效率来满足客户和消费者的内在需求，是想方设法提高资源利用效率，最终达到利润最大化。为此，成功的领导者会采取5种思维模式，即产品服务思维、平台模式思维、团队思维、战略思维和营销思维。这些成功的思维模式，成就了领导者的辉煌人生。

1. 产品服务思维

从"所有能够满足人们需要的任何东西都是产品"这个思想出发，产

第二章 企业的核心领袖

品与服务两者之间本质上并无严格界限。因此,我们无须单独讨论产品思维和服务思维,可以整体讨论产品服务思维问题。那么就是说,产品服务思维可以这样来理解:保证高质量的产品服务,使其在最大限度上满足更大范围内用户的需求。

高质量是个严肃的话题。企业领导者通常都清楚,高质量意味着更少的差错、缺陷和不良,因而就长期而言可以降低成本、提高营收、更好地控制售后服务等的支出,对于提高企业声誉和股价也是有益的。有一些企业为了实现快速增长,而将质量看成是可以短期牺牲的要素。在负面信息几乎不可能被遗忘的互联网时代,企业领导者更需要重视质量,要在短期利益的诱惑下保持必要的克制。

为了满足用户需求,产品服务质量需要不断改进。企业最高领导者以产品服务思维指导改进质量工作,要抓住诊断和治疗两个环节。简单来说,诊断要捕捉从问题到问题的症状、提供原因假设、测试假设并最终确定原因,治疗则需要经过设计治疗措施、测试、处理变革抵制、实施新的控制和约束等步骤。企业领导者的职责不仅仅表现为建立实施小组和项目规程,更重要的是提出并选择突破项目,为质量改进提供资源、帮助消除障碍和处理抵制。

特别值得注意的是,质量改进的诊断环节首先会带来企业内部利益关系的调整,揭示出企业内部一些原先不公开、不合理的利益和矛盾关系,治疗环节又会带来企业相当高的改进成本。因此,企业领导者应当意识到质量改进将带来可观投资回报率的事实结果,为之提供足够支持。企业领导者只有做好质量控制,才可能让质量设计和质量改进的成果得以实现。质量控制是通过反馈回路来进行的,企业领导者要全力保障反馈回路的通畅、确立测量方法和绩效标准。

2. 平台模式思维

平台模式思维是互联网思维方式之一,是一种开放、共享、共赢的思维。一个企业，一个行业，一个商业模式是什么，本质上就应该是一个平台。做企业有三重境界：员工为老板干，员工为自己干，员工和老板共同为一个事业干。这第三重境界就是企业领导者的平台模式思维。

董明珠说："我就是为那些想做事业的有理想、有追求的人，创造一个好的平台和环境，用优秀的平台来吸引人。"所以，格力成为了一个卓越的企业。杰克·韦尔奇认为通用电器的核心竞争力是把各个事业部门之间的知识共享，打造一种无边界、无障碍的自由的知识共享体系。所以，通用成为了一个伟大的企业。张瑞敏不断重塑管理模式，努力使组织成为一个共享平台、多元应用的结构，做到产销合一、网状交融。所以，海尔成为了一个优秀的企业。

事实上，平台模式思维绝不仅限于一个企业组织内部。一个现代化企业，又处在互联网时代，如果不能与社会化资源平台相结合，就不会壮大和发展。苹果的乔布斯整合了许多公司，整合了很多技术，建立了自己的供应链，搭了一个产业生态平台。阿里巴巴的马云为了让天下没有难做的生意，整合了许多客商，整合了很多买主，搭了一个网络购物平台。搜狐是一个让人获取信息知识的平台，腾讯是一个人与人社交的网络平台，小米是一个产品与顾客互动交流的平台。各种"宝"们搭台解决人与钱的问题，各种"滴"们搭台解决人与服务的问题。事实告诉我们：作为一个企业领导者，不在于你有多少资源，在于你能整合多少资源。你能搭多大的台，就能做多大的事。你能搭多好的台，就能做多好的事。你能搭多新的台，就能做多新的事。

那么，平台如何搭建？平台模式思维下的平台建设有三大基本法则。如表2-3所示。

表2-3　平台模式思维下的平台建设三大基本法则

法则	含义
打造生态圈	平台模式的精髓，在于打造一个多主体共赢互利的生态圈。因为将来的平台之争，一定是生态圈之间的竞争。百度、阿里巴巴、腾讯三大互联网巨头围绕搜索、电商、社交各自构筑了强大的产业生态，所以后来者如360其实是很难撼动的
善用现有平台	当你不具备构建生态型平台实力的时候，那就要思考怎样利用现有的平台。要善用现有平台。马云说："假设我是'90后'重新创业，前面有个阿里巴巴，有个腾讯，我不会跟它挑战，心不能太大。"
平台型组织	互联网巨头的组织变革，都是围绕着如何打造内部"平台型组织"。包括阿里巴巴25个事业部的分拆、腾讯6大事业群的调整，都旨在发挥内部组织的平台化作用。海尔将8万多人分为2000个自主经营体，让员工成为真正的"创业者"，让每个人成为自己的CEO。内部平台化就是要变成"自组织"而不是"他组织"。他组织永远听命于别人，自组织是自己来创新

总之，平台模式思维不是搭个台就行了，它必须把开放、创新、协同、共生这些精神的东西融化进去，让这个平台有灵性、有生命。

3. 团队思维

西方国家有一句谚语："一只狮子领着一群羊，胜过一只羊领着一群狮子。"在强调靠团队作战能力制胜的组织中，优秀领导和优秀队员一样重要。

有一位在美国很有名的富翁叫佩尼，他是一个农民的儿子，生活非常节俭。佩尼居住在纽约，但他却经常把车停在纽约的河对面，因为那里的停车场收费只有10美分。他的下属与他在餐厅进餐之后，经常要检查他所付的小费,在以免太少的时候可以补上一点。

经过常年沉默不语的耕耘,佩尼终于有了1000家连锁商店,他的个人财富也集聚到了4000万美元。当时的佩尼,拥有个人基金会,并且还拥有29家私人牧场和各种房地产及银行。很不幸的是,就在佩尼的公司上市之后的第六天,美国历史上著名的大萧条开始了。佩尼公司的股价从120美元跌到十几美元。就在佩尼处于破产边缘之时,佩尼拥有的银行也发生了挤兑,银行储户指责佩尼见死不救,把他告上了法庭,结果佩尼被判败诉,他破产了。

佩尼在56岁时,开始拿过去他所缔造的公司发给他的薪水过活,直到20世纪60年代,凭借过去三个朋友的贷款,佩尼买回了公司的股份,开始了他的再次创业,并且再次赢得了成功和尊敬。

真正的企业领袖,拥有领袖思维的就是这样的人,即便遇到挫折,也会默默耕耘,继续努力,不会让自己的员工失望,也不会让自己失望。

企业领导者是团队至关重要的核心人物,如果领导者不具备团队思维,团队成员能力再强,也会由于缺少一个共同的信仰和共同的核心价值观而没有什么大的作为,最终会被其他的竞争对手击败。那么,领导者的团队思维应该包括哪方面的能力呢?表2-4中罗列了领导者思考问题的3个维度。

表2-4　　　　　　　领导者团队思维的3个维度

维度	含义
参与共同体	团队管理中并不是凡事都必须由管理者去执行,而是应当让每个团队成员都有机会参与。因为每个人的经历、感受、行为和思考方式不同,所以同一件事情做出来的效果也是不尽相同的。从这个维度来思考,可以提高团队自信心

续 表

维度	含义
责任共同体	一个优秀的领导者,当团队中出现问题时并不应该一味地去承担责任或是推卸责任,优秀的管理者必须学会对每个团队成员间的岗位职责进行分工,告诉他们处理事物的标准。团队是一个整体,一旦出现问题就是大家共同的责任,并不是某个人或某几人的责任。从这个维度来思考,可以促进团队凝聚力
利益共同体	优秀领导者的每一个决策都是为团队整体考虑、全局考虑,是慎之又慎。钱不是依靠某一个人的能力赚的,而是经过大家共同努力赚的,荣誉不应该一个人享受,而是要分给每个团队成员共同享受,德不配位,必不长远。从这个维度来思考,可以提升领导力

4. 战略思维

"不谋全局者,不足以谋一域;不谋长久者,不足以谋一时。"企业战略思维能够恰如其分地诠释这句名言蕴含的深刻含义,即谋事应着眼于整体和长远。企业战略思维直接决定企业发展方向,是企业发展的行动指南。

在企业管理中,考虑如何利用自身有效的资源,在充满竞争的环境下去满足顾客的需求,从而实现价值的创造。这样,资源、竞争和顾客三者就构成了企业战略管理的战略思维出发点。纵观各种战略管理理论,无不是从这三者出发来考虑企业的战略制定,因此,形成了3种截然不同的战略思维,即以资源为本的战略思维、以竞争为本的战略思维和以顾客为本的战略思维。如表2-5所示。

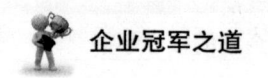

表 2-5　　　　　　　企业战略管理战略思维三大出发点

出发点	含义
以资源为本的战略思维	以资源为本的战略思维认为企业是一系列独特资源的组合，企业可以获得超出行业平均利润的原因在于它能够比竞争对手更好地掌握和利用某些核心资源或者能力，在于它能够比竞争对手更好地把这些能力与在行业中取胜所需要的能力结合起来
以竞争为本的战略思维	以竞争为本的战略思维认为，在决定企业赢利性的因素中，市场结构起着最重要的作用，企业如何在竞争力量中确定合适的定位是取得优良业绩的关键。毕竟，企业需要比竞争对手拥有某些优势才能在市场竞争中生存和发展。因此，如何打败竞争对手、如何在竞争中获得竞争优势，就成为这种战略思维的主要焦点
以顾客为本的战略思维	随着实物经济向服务经济的转变，企业与顾客之间不仅仅是一种交易，而是转变成了一种关系，因此，维系顾客远比吸引顾客重要。在网络盛行的今天更是如此，企业都把顾客维系作为企业持续发展的基础与保障。因此，顾客在企业战略制定中的地位越来越重要

培养企业领导者的战略思维，要带着假设思考问题，多进行几个"如果前提发生这样的变化，会产生什么样的后果"的思维训练，锻炼自己多角度思考问题的能力。在日常生活中，进行假想训练，想到如果这件事情发生了，想出上、中、下至少三类对策。如此锻炼，战略思维能力才能提高，领导能力才能与时俱进。

5. 营销思维

企业的基本功能有两个：一是营销；二是创新。21 世纪是不连续性发展和跳跃性变化的时代，创新是企业发展的主题，企业不创新，就难以避免被淘汰出局甚至消亡的命运。要想管理好企业，就必须有创造性的洞见和创新观念；要想在市场竞争中取胜，企业就必须有商业创新意识和创新思维，开发独特的产品，创新自己的商业模式。运用创新方法解决营销问题的过程有三个课题：一是如何打破传统的营销观念和营销思维方式；二是如何激发新的营销和经营创意；三是克服各种阻力因素，如何把创意方案转化为行动和成果。

作为具有创业视野的企业领导者是这样认识竞争的：现代市场竞争已不仅仅是单个企业之间的竞争，而是企业所参与的产业价值链之间的竞争，企业的竞争优势是更多地来源于产业链的系统协同效率。企业必须在产业链的关键环节上发挥核心能力，结构化提升自身职能和存在价值，通过深化与上、下各环节的关系，以确立在产业链中不可替代的主导地位，然后不断优化、整合和管理产业链，加强各环节成员协同，以提高整体运行效能。

所以，企业领导者们的营销思维是改变游戏规则，谋成一个局：一方面，彻底扭转与客户的交易关系，使之成为价值链中的一个环节，并越来越依赖自己；另一方面，通过整个产业链来建立真正的产品价值差异，彻底摆脱单个竞争对手的纠缠。实现这一目的有以下两种思维导向。如表2-6所示。

表2-6　　　　　　　营销思维两大思维导向

思维导向	含义
全产业链整合营销思维	全产业链整合营销思维要求突破营销的固有属性，要从产业链上游的原料、基地、公共关系，中游的研发、生产、管理，下游的消费者、竞争对手、渠道、终端、推广、促销等环节全方位把握企业品牌的塑造。在这种思维指导下的产业链整合营销更具系统性
品牌价值的归核和升华	在全产业链整合营销思维的基础上，相对于产业链实体，其往往立足于产业链各环节的实际状况，而又不会拘泥于实际状况。因此，要在把握全产业链本体的基础上，再次回到企业产品、品牌本位实行营销，以期通过整体的把握完成品牌价值的归核和升华

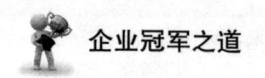

总之，企业领导者的营销思维应该在产业链竞争的层次上来构建有利的竞争格局。而某种意义上，上述两种思维导向下形成的新格局，完全超越了一般意义上的营销策略组合。

变速领导力

管理者在组织金字塔中的领导力发展就好比汽车在不同的路况和情形下行驶，汽车在行驶时极易由于未能及时换挡而导致熄火，领导者也很可能因领导力挡位和职位要求不匹配而陷入困境。可见及时换挡变速是领导力发展过程中所必需的。

领导者在其职业生涯发展的过程中，随着团队规模的扩张和管理职级的提升，面对不同的管理情形和领导对象，其领导力发展也需要相应地换挡变速。具体来说，领导力发展有四大变速挡：追随者领导力、面对面领导力、间接领导力和组织决策领导力。

1. 追随者领导力

领导力发展的第一变速挡是追随者力，这一变速挡被称为基础变速挡，因为它是领导力向更高阶变速挡发展的基础和基石，其他3个变速挡只有在追随者力的支撑之下才能更好地发挥效果与体现价值。什么是领导力？领导力即获得追随者的能力。领导者使追随者真诚地集合在自己身边，并引导他们自觉地沿着一定方向前进，这时，领导力便产生了。

很少有企业如联邦快递那样，对培养一线经理的领导能力有如此细致的兴趣。在此过程中发挥核心作用的是该企业的领导力学院。学

第二章 企业的核心领袖

院的使命是通过课程学习，检核并应用成功领导的原则和实践，在联邦快递中培养领导人才。这对普及联邦快递的企业理念和经营方式也是非常重要的。所普及的内容多数集中在企业跟员工有关的价值观。学院的执行董事史蒂夫·尼尔森（Steve Nielsen）解释道："你来参加课程，实质上是在体验联邦快递的员工价值观。我们的目标是向经理人灌输企业25年来所一直坚持、实践、分享并培养起来的理念和信仰。"

联邦快递领导力学院的课程为企业的5500名一线经理、1000名高级经理及300名执行董事所设计，重点放在3门必修课程。它们都针对员工升迁到新领导岗位的需要。由公司经理担当教员，并且围绕学员交流设计课堂活动，课程内容考虑到如何在日常管理活动过程中运用企业价值观。其中一项流行练习是模拟在联邦快递田纳西州转运中心孟菲斯市发生地震后的救援行动。学员得到一份被困在大楼里的人员名单，得知了工作业绩、种族、性别、年龄、个人生活方式等方面的详情，学员必须决定以什么顺序救出被困者，因为更多的损坏和余震将不允许对排名靠后的人员施救。学员先是个人，然后组成小组作此排名。完成时，两个"记者"到达现场，他们实际上是被称作"督导"的教员。然后，督导与领导者访谈，询问他们做出的选择以及他们如何处理危机。这个练习涉及多样性、紧急反应以及压力如何改变领导处理个人和组织关系的方式。人们不能忽略企业的文化和特定组织体系来理解联邦快递领导力学院的作用。例如，指引其文化的信念是：一线员工必须充分了解自己的工作。因此，在重新设计工作流程时，必须要有他们的参与。同样，企业流程的变动一般事先都要跟员工讨论，以便了解他们的观点。许多高层经理本身就是角色模范，文化本身就支持了课堂中所教的领导和人际原则。

真正的领导力应由获得追随者的能力来衡量，那些自诩为领导者而又没有追随者的人，只是在散步。无论他们装出多么悠闲神气的姿态，也只能独守一隅，形影相吊。那么，领导者怎样才能获得追随者呢？这与领导者的个人能力、品行及为人处世方式有关。具体来说，主要表现在如下3个方面。如表2-7所示。

表2-7　　　　　　　　领导者获得追随者的3种表现

表现	含义
"跟我来"——令人信服的远见卓识	当大家为何去何从不知所措时，领导的作用就显示出来了。身为领导者，有着超乎一般的远见卓识，他的任务就是告诉追随者应该朝哪个方向前进；应该选择哪一条路；在这条路的前方，有怎样的风险和利益……在必要的情况下，他还应该走在队伍的前面。在大家四顾茫然的关键时刻，一声"跟我来"，就像一支"强心针"，能使团队士气大振，并形成一股强大的冲击力。领导者的远见卓识，不仅在于为追随者指明应该前进的方向，更重要的是，应将追随者引导到他们希望去的地方。这就是说，领导者的领导目标应符合团队价值观，也就是所谓的顺民意、得民心。追随者不可能仅仅为领导者的个人目标而奋斗，只有上下目标一致，追随者才能跟随领导者出生入死，不避艰难
"看我的"——令人信服的表率作用	领导不仅是领袖，也是导师。导师不仅要告诉追随者应该做什么，还要告诉他们应该怎么做。事实上，"看我的"即以自身为表率，告诉别人应该怎么做。可以这么说，领导者不仅是原则的维护者，也是原则的执行者，甚至是原则本身。他是团队的一面旗帜、一个榜样。很多人在关键时刻丧失领导力的原因，就是要求下属"照我说的做"，而不是"照我做的去做"。在关键时刻不能坚持原则，更没有勇气和实力站出来，也就是不敢说"看我的"。事实上，任何一个领导者的行为，都会影响他的追随者和身边的每一个人。追随者会通过一种被称为"示范"的学习过程而受到影响

续 表

表现	含义
"一起干"——令人信服的精神力量	精神力量源于良好的个人品质，这包括积极的心态与良好的品德。有良好个人品质的人更让人信赖，即使才能稍逊，也比那些才能出众而品质低劣的人更有可能成为领导人物。但是，单靠良好的个人品质还不能成为领导人物，这些品质必须和积极与人沟通的能力结合起来才能发挥作用。金子具有价值，但价值产生于人们认识金子之后。领导者与别人建立良好的人际关系，主动关怀别人，学会与别人交谈并调动别人建立良好的人际关系，主动关怀别人，学会与别人交谈并调动别人的积极性，就是一个让人认识的过程。沟通的过程绝非只是一个传达自己的观念或意见的过程，而是一个双方心灵的交流并相互认同的过程。领导者通过这一过程，将自己的人格魅力焕发出来。对他人产生潜移默化的吸引力和巨大的鼓舞力量，使人们产生这样的信念：跟着他干，没错

2. 面对面领导力

领导力发展的第二变速挡是面对面领导力，这一变速挡被称为标准变速挡，意味着这是领导力最标准的配置，反映出一个优秀领导者必须确保具备的领导素养和必须确保掌握的领导方法。

面对面领导力认为，领导者从下属那里得到的不仅仅是顺从，还要赞赏他们拥有的知识、主动性、技巧、理解力和判断力，引导他们发挥上述能力，推进任务的执行。因此，领导者必须学习团队合作，可从5个方面进行"养成"，即信任、纳入、共情、培养和沟通。如表2-8所示。

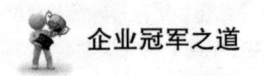

表2-8　　　　　　　领导者学习团队合作的方式

方式	实施细则
信任	领导者都必须塑造出一种环境，确保团队内的所有成员（直接或间接的）都能获得一种安全感，不仅是在进行工作的时候，也包括摆脱那些工作的时候。这些成员必须能觉得他们足够信任自己的领导者，可以与他讨论任何流程或情境的任何环节。领导者必须为自己塑造出一种形象，允许任何人对自己提出问题，不分时间，不论话题。信任的表现是任何一名领导者发挥作用的基础所在
纳入	所谓纳入，就是包含和邀请他人参与制订决策并采取行动参与这一整个流程中的一个（或全部）环节。在组织内部，纳入是一种有意识的社会融合行为。杰克·韦尔奇创造了那些"与杰克共进早餐"的机会，这些早餐时光在整个通用电气内部都有一种传奇色彩，因为它们同时为员工和杰克双方提供了向彼此请教的机会。这种做法正是纳入属性的完美体现
共情	如果作为一名领导者，你有能力让自己在任何情况下都能设身处地地理解他人的处境，那么你所展现出的这种属性就是共情。如果有更多的领导者能够做到对他们团队成员共情，职场氛围将会变得更加轻松
培养	作为一名领导者，你如何能够成功地判断出你的人才层次，并采取必要步骤培养手下，便是其中的一项关键所在。若要成为一名具有培养能力的领导者，你必须持续留意着能够在各方面提升团队的机会
沟通	有太多的领导力相关书籍都断定，沟通行为意味着开放、透明和一致性。这些特质固然都是拥有沟通能力的关键素质所在，但一名领导者还必须具有说服力、感性、率直，并且是一名真正的倾听者

3. 间接领导力

间接领导力是指领导者并不直接对人、财、物的处置与管理实施指令权能，而更多与有限数量的直接管理者厘定行为原则与工作取向，监控组织运行状况，以及向直接管理团队提供指导性信息和精神动员。间接领导者会有意识地形成整个管理结构中的层次感,在不同层次中形成明确的报告线,而位于所有管理者顶端的领导者,仅以有限数目的高层管理者为直接工作对象。间接领导既反对事必躬亲式的揽权式管理,也反对简单的等级森严的区隔体系。

间接领导方式之所以值得推崇,有以下3个方面的原因。如表2-9所示。

表2-9　　　　　　间接领导方式值得推崇的三大原因

原因	含义
间接领导方式体现了相对的高理性化水平	在直接管理行为中,人们对人、财、物的处置会增加两者的情感因素。例如,人们对自己选择、培训、重用的人才会有"看着长大"的成就感,但当这样的人才不听指令、自我主张或者跳槽时,会形成被背叛感;人们对自己亲自参与的项目效益,会有"血汗收入"的感受,从而对别人相对宽松的预算支持模式有"败家子"的批评心理;人们对自己制造的厂房有"一手建成"的感情,因此对拆旧建新的决定十分犹豫;人们渴望自己直接工作对象的认同和赞美,而只要你直接管着资源,你也很容易得到表面的认同和赞美,尽管这些下对上的直接信息很多不是真实的。当人们处在间接领导模式中,领导者对人、财、物的利害感受和感情因素淡化,而规则感可以进一步加强,恰恰是这种规则感,可以有效地放大可管辖的人、财、物资源的总量,并使得规则具有更强的通行性与一致性
间接领导方式体现了相对的高平衡性水平	全面的直接管理一定会导致顾此失彼。管理心理学中的自我固化偏见告诉我们,当人们直接面对所有管理点的时候,领导者更可能多关注他自以为重要、比较擅长或者最有心得的部分,但对于他通常认识不到、知识缺乏、较为不足的领域反而更为忽略,因此,只有直接管理会加强某个方向上的突进,但是会导致越来越严重的系统偏差,这对于小企业来说也许不是一个大问题,但对于大企业来说,就不是一个小问题了。同时,领导人过度的直接管理也会导致本人过多陷于紧急事务或当前事务,而忽略对于整体事务面面梳理、长远盘算与高度考量。因此,间接领导宜将所有的领域委诸分工明确的各职业经理人

续 表

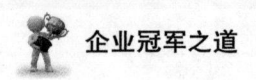

原因	含义
间接领导方式能加强管理的前瞻性	谈判学原理告诉我们，陷于具体事务及争执点的谈判者，容易争执于一时的得失，甚至面子，最终忽略了基本目标与关键利益。同样，领导人陷于直接管理，很容易与特定方面的人、事发生冲突、波折，从而算旧账、翻老皇历，而忽略组织长期目标。间接领导者则可以将具体争执委诸专门管理者，而相对而言强调所有的问题处理，要合乎组织所追求的基本目标。当然，作为具体的直接管理者，为了有效地解决所面临的管理任务，会努力寻求多种知识、技能与最佳管理实践，而作为间接领导者超越这些具体管理压力，以开放性的态度学习新知识、接触新模式，并在和讲究规范的直接管理者的沟通中适度地持续提高企业的发展能力

首先，需要注意的是，对于间接领导者来说，这是他第一次领导那些本身也是领导者的人，意味着什么？意味着需要改变管理方式，意味着不可能再走到人群中和他们直接进行交流，你需要借助别人来进行管理。其次，你需要授权，如果你仍然把大量精力用来做那些作为面对面的领导者应该做的事情，就会错过作为一个更高级别领导者需要关注的更重要的事情。而且，此时，你第一次处于组织架构的中间级别，你不仅要向上级负责，还要向你所管理的下属负责，当不能两全时，冲突就会产生。因此我们需要学会处理人际矛盾，区分建设性的行为和破坏性的行为，面对冲突，努力解决，并提升解决冲突的技巧，理想目标是通过冲突的解决来巩固而不是削弱成员之间的关系。

4. 组织决策领导力

组织决策领导力属于高级领导者，他需要做的事情是做决策。在一个组织内部，可以有很多决策者，但最难的决策需要由那些最高的领导者来

第二章　企业的核心领袖

做。除了平时的决策，对于一个组织来说，会因各种各样的原因而遭遇危机：自然灾害、市场波动、产品危机、技术故障、管理层剧变，等等，危机中的领导力应该是什么样子？危机往往也是机遇。很多优秀的企业在危机中主动进行改革，调整新的方向，一些人则去创立新的企业来利用危机提供的机会，将不利变成有利。

高级领导者如何做决策？和下属一起还是自己做决策？这里有 4 种选择：不需要下属参与；向个别下属咨询，自己决策；向下属集体咨询，自己决定；让下属集体决定。具体选择哪一种，要根据具体情况而定。如表 2-10 所示。

表 2-10　　　　　　　高级领导者的集体决策选择条件

决策选择	选择条件
不需要下属参与	如果时间紧迫，必须马上决策，那么无疑应选择第一种。就像医生在做手术的时候不需要和谁商量，只需要下达指令由别人来执行
向个别下属咨询，自己决策	如果你只是需要某些信息，决策本身并不重要，那么使用这种方式，找到某个下属，获得你需要的信息，然后回到办公室，自己做决策即可
向下属集体咨询，自己决定	如果某一决策对企业前途影响巨大，那么建议用这种方式，原因有两个：第一，通过与成员进行头脑风暴，可以充分考虑到每一种可能，而且能够强化你的领导者角色；第二，成员通过交流而达成一致，领导者不必独自承担决策的后果
让下属集体决定	如果你需要每个人都清楚当前的形势，了解下一步应该采取的步骤，需要他们支持决策、齐心合力来努力完成目标，那么选择利用集体决定，让成员自己做决策

第三章

企业的顶层设计

企业的顶层设计就是按照"以终为始"的原则,通过系统的分析把经营管理目标设定好,形成一个通俗易懂的"剧本",然后让企业各个职能的管理者按照剧本上的分工扮演好自己的角色。企业的顶层设计主要涵盖三个方面的内容,一是商业模式设计,其要素包括价值主张、客户群体、核心竞争力和赢利模式;二是企业战略规划,强调注重以战略来驱动经营活动,并强调使战略具有适用性和可操作性;三是企业的组织与决策的匹配,揭示了企业战略与企业组织结构的关系,强调网络时代驱动企业组织结构的变革与创新的重要性并给出方法。

第三章　企业的顶层设计

商业模式定基础

商业模式是企业围绕客户价值最大化构造价值链的方式。作为企业顶层设计的重中之重，商业模式就是企业围绕客户价值而开展的各项价值活动的总称，是企业各种战略运用的结合体和组合表现形态，它关注的是如何通过有效的战略组合进行价值创新和系统运营，从而构建企业的核心竞争力和建立竞争优势。商业模式的内在范围涵盖了企业的整个运营流程，也就是我们通常所说的价值链，它是一个整体的、系统的概念，而不仅仅是一个单一的组成因素，是由包括融资、研发、生产、营销等相关联的价值活动所构成的，它是企业构造价值链的方式。

商业模式的设计，一方面是建立在对自己原有资源整合基础之上的；反过来说，采取何种商业模式也决定了企业基础的质量。无论设计和采取哪种商业模式，有4个重要因素是必须考虑的，即价值主张、客户群体、核心竞争力和赢利模式。

1. 价值主张

价值主张，这里指的是企业通过其产品和服务所能向消费者提供的价值。价值主张确认企业对消费者的实用意义。

每个价值主张都包含可选系列产品或服务，以迎合特定客户细分群体的需求。因此，企业确定价值主张，需要考虑这样一些问题：企业该向客户传递什么样的价值？企业正在帮助我们的客户解决哪一类难题？企业正在满足哪些客户需求？企业正在提供给客户细分群体哪些系列的产品和服务？

价值主张通过迎合细分群体需求的独特组合来创造价值，价值可以是定量的（如价格、服务速度）或定性的（如设计、客户体验）。下列一些简要要素有助于为客户创造价值。如表3-1所示。

表3-1　　　　　　　　　　价值主张简要要素

要素	含义
新颖	产品或服务满足客户从未感受和体验过的全新需求。企业的重点在于确认企业提供什么价值给企业的目标客户，这个商品或服务要紧扣细分客户那一栏位，简单来说，企业解决了市场的哪些痛点。这通常但不总是与技术有关。举例来说，移动电话围绕移动通信开创了一个全新的行业。另外，诸如伦理投资基金的产品和新技术关系甚微
性能	改善产品和服务性能是传统意义上创造价值的普遍方法。改善产品和服务性能是一个传统意义上创造价值的普遍方法。个人计算机行业有依赖于这个因素的传统，向市场推出更强劲的机型，但性能的改善似乎也有它的局限。例如，近几年更快速的个人计算机、更大的磁盘存储空间和更好的图形显示都未能在用户需求方面促成对应的增长
定制化	定制产品和服务以满足个别客户或客户细分群体的特定需求来创造价值。近几年来，大规模定制和客户参与制作的概念显得尤为重要。这个方法允许定制化产品和服务，同时还可以利用规模经济优势
把事情做好	可以通过帮客户把某些事情做好而简单地创造价值。劳斯莱斯公司很清楚这一点：劳斯莱斯航空公司的客户完全依赖它所制造的引擎发动机。这样可以使客户把业务焦点放在他们的航线运营上。作为回报，航空公司按引擎用时向劳斯莱斯公司支付费用
设计	产品可以因为优秀的设计脱颖而出，在时尚和消费电子产品工业，设计是价值主张中一个特别重要的部分

第三章 企业的顶层设计

续 表

要素	含义
品牌/身份地位	客户可以通过使用和显示某一特定品牌而发现价值。例如，佩戴一块劳力士手表象征着财富。此外，滑板者可能穿戴最新的"underground（地下）"品牌来显示他们很潮
价格	以更低的价格提供同质化的价值是满足价格敏感客户细分群体的通常做法，但是低价价值主张对于商业模式的其余部分有更重要的含义。经济航空公司，诸如西南航空公司、易捷航空公司和瑞安航空公司都设计了全新的商业模式，以便使低价航空旅行成为可能。另一个基于价格的价值主张的例子可以在印度塔塔集团设计和制造的 Nano（汽车型号名称）新型汽车中找到。它以令人惊叹的低价使印度全民都买得起汽车。免费产品和服务正开始越来越多地渗透到各个行业。免费提供产品和服务的范围很广，从免费报纸到免费电子邮件、免费移动电话服务无所不包
成本削减	帮助客户削减成本是创造价值的重要方法。例如，某公司应用销售在线的客户关系管理系统，这项服务减少了购买者的开销并免除了用户自行购买、安装和管理 CRM（客户关系管理）软件的麻烦
风险抑制	帮助客户抑制风险也可以创造客户价值。对于二手汽车卖家来说，为期一年的服务担保规避了在购买后发生故障和修理的风险。而服务品质级别担保书部分抑制了由买方承担外包 IT（信息技术）服务所要承担的风险
可达性	把产品和服务提供给以前接触不到的客户是另外一个创造价值的方法。这既可能是商业模式创新的结果，也可能是新技术的结果，或者兼而有之。例如，奈特捷航空公司以普及私人飞机游泳圈概念著称。通过应用创新的商业模式，奈特捷航空提供私人及企业拥有私人飞机的权限，在此之前这项服务对于绝大部分客户来说都是很难支付得起的。同样，共同基金是通过提升可达性来创造价值的另一个例子。这种创新的金融产品使那些小康微富的人建立多元化的投资组合成为可能
便利性和可用性	使事情更方便或易于使用可以创造可观的价值。苹果公司的 iPad（平板电脑）和 iTunes（数字媒体播放应用程序）为用户提供了在搜索、购买、下载和收听数字音乐方面前所未有的便捷体验。现在，苹果已经主导了市场

企业冠军之道

根据上述要素分析，企业要想得到稳健而持续的发展，应该做好三件事：一是对顾客价值取向的发展趋势做出正确的判断，对未来市场竞争趋势做出正确的阶段性预测；二是根据自己的资源结构特点，进行战略选择；三是在顾客价值取向发生不利于自身战略的转变时，要做出色的跟跑者。

2. 客户群体

每一个企业的商业模式，一个绝不容忽视的工作就是选择客户、定义客户。设计商业模式时，最怕的一句话就是"老少皆宜"，产品或服务谁都适合。所以每一个人都是你的客户这是不现实的，尤其是一开始绝对不可以！开始时必须找一个精准的客户群切入，切入越精准，风险越小，成功越可期待。精准的目标客户定位，就要求我们能够给客户画"素描"，当你有了一幅清晰的素描图像后，就可以低成本、快速、精准地找到目标客户；素描越准确，收入扩张速度越快，风险越小，成本越低，反之得到的就是茫然。精准的客户素描将方便企业销售系统快速地找到目标客户群。

每一个成功的商业模式，都源自对精准目标客户的定位。无论是中国航空业巨头普遍亏损下仍然赢利超亿元的春秋航空，还是颠覆传统服装营销模式的凡客诚品、聚焦办公一族的开心网、锁定非理性的爱美女孩的哎呀呀等，它们商业模式的成功无不在于从一开始就有精准的客户定位。由此可以看出，客户定位很重要，越快找到这一类客户的隐形需求和痛点，定位这一类客户，匹配好消费能力，成功的概率就越大，风险自然就越少。

比如凡客诚品的客户定位，一开始就精准于"懒男人"，避开服装企业都喜欢的女性顾客。那么，什么是"懒男人"呢？"懒男人"就是那些厌倦了去逛街购物的男性顾客，他们不喜欢去百货商场购

第三章 企业的顶层设计

物,他们一直在期待一种更加放心、便利的购物方式,所以,当凡客诚品可以让他们足不出户购买品质有保障的服装时,"懒男人"们心花怒放,并且网上购物还引领了时尚潮流,何乐而不为?凡客诚品公司把"懒男人"作为切入点的客户定位还有一大妙处:男性顾客在购买衬衣、T恤等服饰的时候,对款式、尺码、颜色的要求不是那么苛刻,因此,客户的满意度相对来说比较容易实现。假如凡客诚品当年直接选择做女装,那么,估计它的发展不会这么顺畅。因此,凡客诚品先从经典标准款的男装切入是非常明智的,直到第三年,凡客诚品才开始逐步切入女装领域。有了男装的根基和信任,凡客诚品2010年迅速引爆女性市场,年销售额由2009年的3亿元迅速暴增至2011年的28亿元,2012年直逼100亿元,引来了快时尚热潮。

另外,客户定位一定要精准,如果客户不满意,这说明你的商业模式设计还有问题,也许是关键点尚未打通,也许是需求没有挖掘到位。如果你定位的目标客户群之外的客户购买了你的产品或服务,除了转化的客户外,我们一定要清醒地意识到,那是额外的,不是你设计的商业模式所要体现的价值。体现商业模式发展潜力的关键在于你定位的目标客户群是否大量地购买了你的产品或服务。

实际上,客户定位一定要结合商业模式构建的第一步来思考,只有挖掘出客户的痛点和需求本质,发现客户原生态的需求,才能做到精准的定位。

3. 核心竞争力

核心竞争力是企业竞争力中那些最基本的能使整个企业保持长期稳定的竞争优势、获得稳定超额利润的竞争力,是将技能资产和运作机制有机融合的企业自身组织能力,是企业推行内部管理性战略和外部交易性战略的结果。现代企业的核心竞争力是一个以知识、创新为基本内核的企业某种关键资源或关键能力的组合,是能够使企业、行业和国家在一定时期内保持现实或潜在竞争优势的动态平衡系统。

企业在构建核心竞争力的时候,要从8个方面考虑,但是最后必须凝聚在一个点上。如表3-2所示。

表3-2　　　　　　　企业构建核心竞争力的思考范围

思考范围	思考内容
规范化管理	企业的规范化管理也是基础竞争力的管理,很多企业都有"两低一高"的现象,基础管理差、管理的混乱使得企业的成本居高不下
资源竞争分析	通过资源竞争分析,明确企业有哪些有价值的资源可以用于构建核心竞争力,如果有,具体应该怎样运用
竞争对手分析	对竞争对手的分析能够让企业知道自己的优势和劣势,企业平时要留意收集竞争对手的信息和市场信息,及时掌握对手的动态
市场竞争分析	对市场的理解直接影响到企业的战略决策,如果对市场把握不准,就会给企业带来很大的危机。如20世纪50年代,王安电脑公司曾经红火一时,最后却倒闭了,其中一个主要原因就是当年的王安对市场的评估出现了战略性的错误,当时王安认为在未来的三五年内国际电脑市场会以小型机和中型机为基础,而不是家庭电脑,然而事实恰恰相反,家庭电脑成为了电脑市场的主流。由于对市场的理解出现了错误,公司的战略也随之出现偏差,而竞争对手却把握住了时机,所以王安电脑公司被挤出了市场
无差异竞争	所谓的无差异竞争是指企业在其他方面都不重视,只强调一项,那就是价格,也就是打价格战。中国的很多企业都经常使用这种竞争方法,可是事实上,世界一些有实力、有基础的大企业都轻易不用这一方法

第三章　企业的顶层设计

续　表

思考范围	思考内容
差异化竞争	差异化竞争是指企业不依靠价格战，而是独辟途径，出奇招取胜。海尔集团的成功主要是靠差异化竞争，在其他企业大打价格战的时候，海尔却强调服务。海尔的电视、冰箱、空调等产品品质可能都算不上顶级，但是它的服务创新意识、差异化精神是最好的，客户购买海尔的产品正是看重这一点
标杆竞争	所谓标杆竞争就是找到自己有哪些地方不如竞争对手，在超越竞争对手的时候设立标杆，每次跳过一个标杆，再设新的标杆，这样督促自己不断进步。比如美国某公司当年不如它的主要竞争对手——日本的一家公司，于是该公司就派人去日本公司学习，回来后总结：公司一共有147个地方做得不如对方，于是公司把这147个点分为若干部分，包括研发、生产、品控、销售等，在每个大模块中又设置标杆，一个标杆超越后，再设一个新的标杆。用这种方法该公司在两年之后就超越了它的竞争对手，这家公司就是惠普
人力资源竞争	人力资源的竞争直接关系到企业的核心竞争力，尤其是在21世纪，人才最重要，企业必须重视人才、培养人才、留住人才。好利来公司在大规模的扩展过程中，曾经出现过管理混乱的现象。为此好利来制定了一个明确的战略，那就是首先培养人才，主要培养两种人才：店长和做饼师傅。通过人力资源的竞争，好利来2004年在全国拥有了600家分店。一言以蔽之，核心竞争力是对手短期内无法模仿的，企业长久拥有的，使企业稳定发展的可持续性竞争优势

4. 赢利模式

企业赢利模式，说白了就是企业赚钱的方法，而且是一种有规律的方法。它不是那种"东一榔头、西一棒槌"的打游击，更不是抖机灵，而是能够在一段较长时间内稳定维持，并为企业带来源源不断利润的方式。有

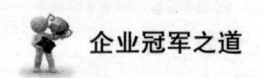

多少企业就有多少种赚钱方法，但只有最优秀的（而不一定是最大的）企业才谈得上模式。

在当今这个充斥着竞争的大商业社会，一个超前的企业赢利模式，似乎成了决定成败的关键。作为一个有雄心、有智慧的现代企业家，当企业发展到一定的高度，需要具备宏观的战略，需要有整合资源的行家本领。如果还老把眼光和精力死盯在企业的微观问题上，也许迟早会被这个时代所淘汰。

小米手机和360公司的迅速长大，就在于赢利模式的创新，在大家还在执着追求企业产品本身的利润最大化时，小米和360通过了资源整合，把企业的本身产品利润大幅度降低；同时，小米和360扩大企业外部赢利的空间，链接企业外围的产品来增加企业的利润率，这种隔山打虎的整合手法，可算高明。娃哈哈也正在组建自己"娃欧商场"，目的很简单，就是有效整合企业的生态链，发挥产业竞争力和效益最大化。

企业从顶层设计的高度整合资源来创新赢利模式，可以使企业的成本得到有效控制，使资源发挥出企业利益最大化的作用。在这个过程中，有两个决定性的关键因素。如表3-3所示。

表3-3　　　　　　　　企业顶层设计的决定性因素

决定因素	含义
保持冷静和理性	在资源整合过程中，企业始终要保持冷静和理性，千万不能头脑发热，就像一些大龄男女为了结婚而闪电结婚，结果两人生活在一起，才发现太多的不合适。温州企业相互抱暖过冬出现的问题比较典型，出现"吵架、分家"的现象很多，处于"呕吐、休克"的状态也很多。这种为了躲避"战乱"，随便凑在一起的做法，其实是盲目的，并没有在资源整合中，让赢利模式得到实质的创新

续 表

决定因素	含义
远大胆略和见识	在企业面临困境或者机会来临之时，如果老是犹豫不决，或者执迷不前，往往会造成商机的流失。马云面临互联网泡沫的危机，不断通过兄弟公司之间的资源整合，推出支付宝，推出天猫商城，推出小微金融，搞"三马"合作的众安保险，越挫越强，越做越大。安利公司之所以强大，是因为整合了"人"的资源，让终端的消费者成为公司的直接经销商，而这种采取直销的经营模式，在当时是不可思议的，这就需要企业家自己本身的胆略和见识

在新经济、大商业的时代，企业和企业之间竞争，已出现"大鱼吃小鱼，快鱼吃慢鱼"的商业效应。一对一的肉搏，已无法适应新兴商业的历史洪流，只有通过整合一切可以整合的力量，来突破企业生存的瓶颈，以实现赢利模式最大化的创新，才能使企业在国际激烈的竞争中立于不败之地。

战略驱动经营

企业战略是指组织为谋求长远生存与发展所做出的具有全局性、方向性、长期性的资源统筹规划与行动的系统安排。它是一个自上而下的整体性规划过程，并将其分为公司战略、职能战略、业务战略及产品战略等几个层面的内容。

企业的运营是在战略驱动下的运营，企业发展的一切策略和战术都必须构建在战略之下。正因为如此，企业顶层设计的战略应该具有明确方向、凝聚人心的作用，并为企业描绘出清晰的成长导航图，而具体的战略

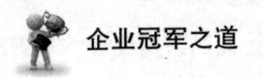

规划也应该遵循一定的方法和步骤。

1. 战略明确方向

战略的首要作用就是帮企业明确发展方向。你今天做的事,对未来20年会有什么影响?战略就是告诉你要把每件事做好,这些事在日后能产生重大的影响。正确选择和确定战略方向是保障企业持续发展和基业长青的基础。在这方面,部分高绩效企业的成功让人艳羡。

部分高绩效企业在设定战略方向时头脑十分清醒,做出重大决策时尤其如此。这靠的是他们早已练就的,能及时做出决策的卓越能力。有研究发现,高绩效企业致力于研究以下5种情况,当得到正确答案时,他们会更加准确地确定市场重点和定位,体现了明确战略方向的能力。如表3-4所示。

表3-4　　　　　　　　高绩效企业主要研究的情况

情况	含义
应对今天和明天	无论处于什么规模水平和行业成熟度,企业必须始终强调有机发展。不过,保持长期有机发展并非易事。决定将企业的经营范围扩展至新的业务领域,或扩张至相关市场或新的地域,必须基于对众多因素的明智评估。然而,高绩效企业注重保持两种能力的平衡,即在今天的市场条件下取得成功的能力与发现并强有力地进入新市场的能力。也就是说,他们用两个重要的筛选标准来筛选机会:能力的极限以及多种战略前景
"可行性"边界	每个高绩效企业都受着某种成功愿景的驱动,他们将自己推至能力的极限,但不会超越极限。每个企业的战略和愿景中都有一种"可行性"边界,并且高绩效企业对于这一边界的位置具有强烈的直觉,他们始终注意能力的构建,并不断将其推向新的、更高的天地

第三章 企业的顶层设计

续 表

情况	含义
多种战略前景	企业做出的最艰难的决策是如何进入市场或创建业务,以及有朝一日取代或扩大现有的业务或增强能力。这恰恰是高绩效企业为避免竞争对手和有杀伤力的技术超越自己而采取的措施。高绩效企业做出的决策要积极实施整体战略,即使那些决策要求极大的额外投资,会威胁到现有业务。高绩效企业的秘密在于,在其财源最充足时就利用其利润为新业务投资,而不是等到资金用光的时候
打好根基	高绩效企业谨慎选择正确的产品组合业务,选择具有独特实力的根基资源,并在整个机构内对这些实力加以利用。例如,宝洁整个公司内共享领导能力、强大的品牌、营销专长、分销网络及新产品开发技能,所有部门都受益;3M公司也有独特的研发能力,并把这种能力分布到所有的业务单元中
开展设计竞争	最好的企业注重开发独特的设计和领导机构,巩固已有的竞争优势来源,而不是遵循课本中刻板的设计流程。高绩效企业懂得,其实力不在于组织结构图上的标签,而在于企业执行组织设计的独特方式。因此,高绩效企业利用对员工的深入了解来创建适合本企业的设计

必须说明的是,高绩效企业的决策能力使其能较好地确定市场重点与定位,但这并不意味着他们不会犯错误。不过,高绩效企业明确战略方向的能力意味着他们会比竞争对手更经常地取得成功。

2. 战略凝聚人心

中国有句古话:"人心齐,泰山移。"对于一个企业来说,道理是一样的,只有从上到下都拥有了明确的努力方向与目标,才可能实现"移走泰山"的最终目标。

战略的原点有 3 个用来凝聚人心的东西：远景、核心价值观、战略目标。远景与核心价值观解决"灵魂需求"，战略目标解决"物质需求"。世界优秀企业之所以能够长盛不衰，秘密之一就是将人性化的理念与商业化的操作成功地融为一体。如表 3-5 所示。

表 3-5　　　　　　　　世界优秀企业长盛不衰的原因

原因	含义
用愿景凝聚人心	愿景是用来回答谁会与我们一起走到最后。离你最近的人，不一定是与你一起走到最后的人。听话或业绩很好的人，不一定能够与自己一起走到最后。没有对愿景的认同，眼前的甜言蜜语是靠不住的。真正与你走到最后的人，是那些认同企业的愿景的人。愿景能够凝聚更多的忠臣，因为大家志同道合，是忠实可靠的。鼓舞人心的愿景需要一个生动的描绘，首先要能激发野心。它是领导者的抱负
用核心价值观凝聚人心	所谓的核心价值观是人类价值中对我们的企业至关重要的公理。它不可能从外部获得，只能从内部的反省中获得。它可以凝聚更多的亲信——大家的行为准则一致。核心价值观之所以重要，因为它决定了需求的感觉方式、定义问题的标准及问题解决的方法。品质、员工、顾客、社会责任、诚信道德、市场是优秀企业核心价值观最常用的维度。这些维度可以归纳为社会规律、客户、员工 3 个方面，即尊崇社会规律、敬畏客户和凝聚员工
用战略目标凝聚人心	战略目标的维度，可概括为财务目标和战略主题两方面。量化财务目标可以让企业和员工很明确，如"3~5 年后企业实力如何""员工能够有什么现实利益"。战略主题可以聚焦业务方向，如"我们的业务是什么"，给企业指明业务方向。由此可见，战略目标不仅是用来回答愿景与核心价值观如何才能够变成现实的问题，将愿景与核心价值观变成量化的现实利益，而且能够起到凝聚人心的作用，即全体员工不竭的前进动力

3. 战略描绘清晰成长导航图

企业的战略是一个发展方向的安排，换句话说，战略也就是一个帮助企业从今天所在的起点走向它所希望的将来位置的一张导航图。一个好的战略导航图能够指导企业充分利用市场机会，确立自身不可替代和模仿的市场地位。西南航空的案例就清楚地说明了这一点。

当时美国的航空业管制正在放松，西南航空意识到这是一个完全改变游戏规则的机会。那些提供整套完整服务的承运商成本很高。西南航空则发展了一个新的战略，靠建立一个点到点网络来提供低成本服务。这是一个全新的业务模式，而美国的旅行者们也非常喜欢这个模式。今天，在美国和欧洲有很多低成本的承运商在追随着西南航空的模式，但都很难撼动西南航空的市场领导者的地位。而关于制定战略的主导思想，应该从强调战略定位转向强调战略能力。哈佛商学院教授迈克·波特在其1980年的经典著作《竞争战略》中，把"竞争战略"定义为"采取进攻性或是防御性的方法在行业中建立一个巩固的定位"。

现实中，在变化无时不在、无处不在的市场条件下，一个单一的巩固定位是难以实现的。传统的战略只是为了建立和保护长期的定位，现在，这种传统战略思想需要转向重视连续的转型来形成一种不断赢得下一回合竞争胜利的能力。成功地进行连续的转型、并将这种能力内化于企业的思想，已经逐步为大家所认识到。就像西南航空的成功，它不仅仅是因为确立了一个从事低价航空的定位，而是因为在内部有着适应低价航空业务所需的种种流程和模式，从而使其能够适应市场的各种变化。

企业在制定这个导航图的时候，需要看到自己是在一个竞争性的市场中，首先要解决好3个方面的问题：在什么地方竞争、怎样竞争及何时去竞争。因此，战略导航图的制定是系统的，由行业、地域、时间等多个元

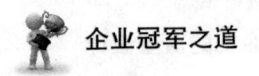

素共同组成。如表3-6所示。

表3-6　　　　　　　　制定战略导航图的元素

元素	含义
在什么地方竞争	是指企业需要着重确立在哪个产品市场的位置，企业在哪个细分的产品市场上和自己的竞争者相比具备优势、更加吸引客户。为此，需要了解市场环境是怎样发生变化的，这种变化会对你的业务产生怎样的影响；需要仔细考虑市场上客户需求以及技术变化的趋势，了解你的竞争对手有哪些，他们又都在做什么和计划做什么。并且，你要了解你所在的行业的整个价值链可能会发生一些什么变化
怎样竞争	是指企业通过什么途径能够有效地与竞争者竞争。要深入了解你自己的组织特性和核心竞争力，了解怎样的核心竞争力才是成功执行你的战略所需要的，了解什么样的竞争优势可以使你比你的竞争对手更加强大。此外，制定战略的时候还要考虑它对企业的投资回报、现金流的影响
何时竞争	是指你的战略的时间设定。在当今市场竞争中，不是大企业吃掉小企业，而是动作快的企业吃掉动作慢的企业。竞争已进入全新的时代，企业过去赢得竞争优势的方式，如成本、质量、技术诀窍等，已难以让企业遂愿，代之而起的是一种不断变化的赢得和维持竞争优势的全新方式——充分利用时间这一战略武器，在竞争中对市场做出快速反应，即时间战略

4. 战略规划七步法

战略是一套具有宏观抽象性的可循逻辑，需要以系统观、发展观、取舍观来看待。其意义在于研究组织从哪儿来、在哪里、往哪儿去，也即想成为什么、能成为什么、应该成为什么。缺乏战略的组织必然是迷茫的，在任何环境下，任何组织、部门及个人要想真正体现其价值，都需要给自己一个准确的战略定位。

第三章 企业的顶层设计

制定战略有3种方法体系，其中常规性方法体系被企业界所广泛接受和应用，是指预先设定目标以及如何实现的一种系统性规划描述，具体可以从方向（又可以分为使命、愿景、规划3个部分）、目标（又可以分解为目标、指标2个层级）以及计划（又可以分为策略、计划、具体目标管理3个部分）3个层面来理解。通常，一个常规性战略的规划由战略构想、背景分析、目标确立、指标界定、策略设计、计划制订、管理建设7个步骤组成，各步骤之间相互联系、密不可分，依次具有极强的逻辑联系，比如越往上越抽象、越要求具有指导性，越往下越具体、越要求具有实效性。如表3-7所示。

表3-7　　　　　　　　常规性战略的规划的7个步骤

步骤	实施细则
战略构想	也就是构想企业想要的结果。想要的结果是一种可能性，这种可能性尤其是全新的可能性，是企业创新的终极行为。一个"能让企业成功"的好听故事通常就是一种可能性。这个故事应该包含两个因素：企业会在市场中占有什么样的地位，它将在这个市场里如何成功。战略构想阶段还不需要证明这个故事能够变为现实，只要我们可以想象故事内在逻辑的合理性，就是提供了一个突破口。讲一个言之有理的故事比说出有几成把握要容易得多
背景分析	即组织所处环境分析，包括两部分：一是组织所处行业、产业以及经济、政治、科技、文化环境的分析，对于子组织、子部门来说，是母组织环境、所处区域市场、所处细分子行业的发展分析。二是企业或组织业务发展现状与机会分析。背景具有很强的宏观抽象性，往往是对"从哪儿来、在哪里以及可能要去向哪里"的一种高度概括性描述。具体来说，背景分析的内容由上一层级环境分析、组织及其业务历史与发展现状介绍、组织及其业务在上一层级环境中的角色与定位分析、上一层级环境对组织的要求、下一层级客户群体对组织发展的需求以及组织及业务发展所面临的各项机会与挑战等组成，不过组织在进行背景内容梳理时，往往依据自身实际情况有所侧重，不一而同。目前企业在进行背景分析时，最常用到的是SWOT分析方法（态势分析法，此处不做具体介绍），有时甚至就简单地用SWOT分析来替代背景分析

续 表

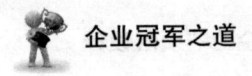

步骤	实施细则
目标确立	目标是战略最重要的概念，是战略的前提，因此可以说没有目标就没有战略。目标通常分为3个层级：使命和方向、目标和指标、策略和计划。对于一个具体的经营组织来说，目标主要集中在后两个层级。我们通常所说的目标指的是组织发展方向、总目标或核心目标，是组织"想成为什么以及想干什么和应该干什么"的描述，具体往往转化为"主要经营事务需要做到怎样"的一种体现。目标需要与组织背景建立紧密的逻辑联系，源于实际却又要高于实际，因此往往具有宏观抽象、高度概括以及可测可评等特点。组织在确立目标时，从数量上来说，一个最好，两个也行，三个嫌多。组织层级越高，其目标描述越具有抽象性、概括性、长期性、层进性；层级越低，其目标描述则越具有具体性、针对性、行动性、实效性。比如对于一个组织的3年规划来说，其目标包括3年总目标及各年度目标两个部分，这两个部分的目标不但需要具有高度的概括性、可行性，并且两部分目标之间以及各年度目标之间必须具有极强的逻辑联系与层进性
指标界定	指标是目标的衡量量化体系，是实现目标的一种评价要素组合以及具体这些要素要做到怎样的一种描述。就组织经营的角度而言，多理解为针对年度目标的一种逻辑分解及核心评价要素组合的展现，以便于对目标进行有效的实施、跟进、检查、评价。指标即各评价要素之间的关系是相互联系、影响甚至可能相互转化的，不能以割裂静态的眼光来看待。当然，从与目标实现的紧密程度上说，指标又可以分为主要指标和次要指标两类，主要指标一般1个，最多2个。另外，指标不宜过多，也不能太少，一般3~6个
策略设计	指达成指标（目标）的主要工作思路、途径与方法的设计制定，也即"具体怎么做"的描述。策略是为指标（目标）服务的，因此，一是往往具有承上启下和创新性；二是需要与指标建立对应；三是特别讲究实效性。相对于背景、目标及指标而言，策略已经是很具体了，但仍然具有相当的概括性，往往包含有两层意思：一是达成指标的工作思路；二是工作思路在不同情况下所采取的不同方法与工具。比如为达成销售指标，一个完整的策略应该是：一是提出开发客户的思路；二是制定不同情况下的具体开发方法或工具

第三章　企业的顶层设计

续　表

步骤	实施细则
计划制订	即由策略实施演变出来的"主要工作事项以及执行这些事项的一种行动组合",也即"具体做什么和具体行动"的界定实施。比如客户开发策略所带来的计划有开发团队建设、开发政策设计、不同区域客户开发办法等方案的形成与具体行动的实施。计划服务于策略,与策略具有对应性。计划是马上就要去行动实施的工作,因此具有一定的动态性和极强的实效性,因此往往只需要做到下一年度的便可。计划的实现需要资源(包括人财物预算)投入做支持,因此计划往往体现出所需资源的配套,它与预算紧密相连
管理建设	即对上述构成发展规划的背景、目标、指标、策略及计划5部分工作事项的有效管理推进。目前企业界对于发展规划的管理具体可以分为四种模式：一是借助外部专业第三方机构来完成；二是内部成立专业的规划部门(或设立专职规划岗位)专职来跟进完成；三是以非常设、临时性的委员会或规划小组的方式来完成；四是以上两种或三种模式的结合。在具体管理方式上,大多以定期会议和实时进度表两种方式相结合为主。定期会议方式包括年度研讨制订、年中评价检查、年终评价及培训学习会等。实时进度表方式指以时间为序,将主要工作(主要是计划,但不限于计划,包括指标、策略以及一些日常性的重要工作也可以列入体现)进行分类,并落实到完成时间、责任部门及负责人,以充分体现出所有主要工作的实施进度情况。一般来说,下一年度的进度表需要分解至月度,下下年度的分解至季度即可。但实际上一是由于进度表具有极强的实效性；二是随着时间越往后推移,工作项越少但越具有概括性。因此企业大多只将进度表做到下一个年度。对于超过一个年度的更为长期的规划管理(比如3~5年),往往采用"路线图"的方式来进行体现

· 65 ·

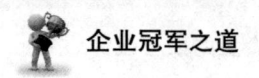

企业的组织与决策营盘

战略决定着组织结构，有什么样的战略就要有与之相匹配的组织结构，同时组织结构也抑制着战略。这是战略与组织结构的内在逻辑。一方面，企业不能从现有的组织结构的角度去考虑企业的战略，而应根据企业所处的内外环境的要求去制定战略，然后再根据新制定的战略来调整企业原有的组织结构；另一方面，组织结构抑制着战略，所以与战略不相适应的组织结构，将会成为阻碍战略发挥其应有作用的巨大力量，所以我们应根据企业的战略不断寻求健全而完善的组织结构。

1. 组织匹配战略

在网络时代，组织匹配战略是企业顶层设计的重要内涵，要求企业运用组织变革的方法，驱动企业组织结构的变革与创新来适应企业发展战略。这是一个驱动"组织变革"的方法论问题。

首先是"自以为非"。组织变革的过程本质上是一个组织学习的过程，如果没有"自以为非"的文化基因，是很难通过学习接受新知识的，没有新知识的创造也就无法创造用户新价值。组织变革的结果是组织知识的变革，是创造价值能力的变革。海尔和小米代表着组织变革的两种类型：前者是在既有组织中开展变革；后者是一群带着对先前组织方式深刻"反思"的创业者，在新组织中展开的变革。但两者的一个共同特点就是具有鲜明的"自以为非"文化基因。海尔倡导"没有成功的企业，只有时代的企业"，"繁荣的顶峰就是衰败的开始"，企业时时刻刻保持着一种强烈的"危机意识"和"变革意识"，探索着企业发展的"新轨道"。

其次是拓展变革空间。组织变革是一个全新的持续探索过程，在实践中要求企业随时做出各种短期决策。但我们在做出短期决策时，也很难判断它在长期上对组织是有利还是有害。做出的判断往往是基于"过去的经验"，但经验既是一个"好老师"，又是一个"坏老师"，常常会将我们引入"经验或能力的陷阱之中"。如何跳出"经验或能力的陷阱"？这时就需要引入"中性思维"，提供一个能够对"既有经验和能力"进行完善的空间。"中性思维"是对决策或者选择的现状不做出"成功"或"失败"（"有利"或"有害"）的"即时判断"，只是给予一个"中性突变"的边界（或底线），在边界内可以做出随机的选择。如果只是在"既有经验的空间"中做出选择，选择的空间是非常有限的。换句话讲，大企业通常只能从成功走向成功，而成功又不会给企业提供学习的机会。"中性思维"的核心恰恰是在快速变化的环境下为企业决策提供了更广阔的选择空间，驱动变革持续前行。

再次是开放快速迭代。开放快速迭代也是成功的基因之一。以海尔为例，海尔在向"平台型"组织架构变革过程中，在组织形式上走过了从自主经营体到利共体，再到"小微"3个阶段，实际上这是一个对外开放资源，持续解决新问题的快速迭代过程，追求的最终目标是"人单合一双赢"，即员工和用户需求合一，在为用户创造价值的同时也实现员工价值。所谓"快速"主要是指变革的节奏，在海尔则具体体现在多年来的"日清"体系上。这个体系已经内化为每一个员工自觉的行为。理论上这样的迭代是每天都要完成的，也就是每天都要在你的目标预计和实际值之间进行"闭环关差"。实践中，则是根据具体问题来"调频"，但每周一次的"周清"是不变的。事实上，海尔的组织变革是一个微观日常活动持续创新累积的过程。所以，很多人在了解了海尔变革行动方法的基础上，也就不会觉得海尔的变革"激进"了，因为它是海尔人每一天都进行微创新的

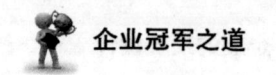

结果，是一种变革的行为习惯和方法。

复次是动态组合之道。这里讲的"动态组合"，是对"非此即彼"概念的超越，更强调是一个"组合创新"的动态过程。所谓"动态组合"包含以下三种：一是"虚实组合"，即"价值观引领和指标驱动"的动态组合。二是"上下组合"，即"自上而下"和"自下而上"的动态组合。在海尔的组织变革中，我们既可以看到"自下而上"的力量，如"柜机空调小微""雷神""水路盒子"、创客大赛等这些"自下而上"力量的释放。但还有"自上而下"的突破，就是面向用户，打破原有"上下级"关系，在"小微"和"平台"之间，建立服务和被服务的关系，建立市场对赌关系。三是"内外组合"，即"内部资源"和"外部资源"的动态组合。"跨界"是当下的时代特征，但它的商业本质是资源再组合创造用户新价值，企业都想成为"组合者"，而不是"被组合者"。因此，开放组织边界，如何有效实现内外资源的动态组合就非常重要。可以在更高层次上接入外部资源，在更深层次上提升内部资源，在更紧密层次上促进目标动态优化，在更广层面上思考企业平台架构。

最后是"行是知之始，知为行之果"。网络时代的企业组织变革与创新过程，就如同生命体的演进一样，长期看经历了"变异—选择—保留"，是一个自然选择的过程。但是，每一天的变革行动更是我们需要面对的，如果说文化基因为我们提供了变革的张力，那么每一位员工、每一天的行动则是变革动力的表现。只有为员工提供一个"机会公平、结果公平"的平台，激发他们的活力，以行见知，才能使变革持续前行。

2. 组织的设计与进化

组织设计是一个动态的工作过程，包含了众多的工作内容。事实上，这个动态过程在网络时代更多地体现为进化过程，是网络时代企业组织顶层设计思想的一个重要方面。如表 3-8 所示。

表 3-8　　　　　　　　　企业的组织设计与进化

事项	内容
组织设计	就企业组织设计本身来看，科学地进行组织设计，要求根据组织设计的内在规律性有步骤地进行，才能取得良好效果。具体包括四个环节：功能定位、职能梳理、架构设置和定编定人。一是功能定位，即按照不同的职位功能定位来划分职位、职级。正确地定位才能正确地做事。二是职能梳理，包括关键职能设计与职责分解。三是架构设置，即搭架构定岗位。四是定编定人，即编制的控制与人岗匹配
组织进化	组织因价值的创造而存在，价值创造的高低本身也决定了组织生存的概率，而组织进化从本质上是一种创造价值模式的改变。组织的进化既不是依赖机会，也不是简单的规模增长，进化的本质是通过变革实现能力的获得与掌握。一个企业，要想基业长青，就必须主动进化，把握机会积累资源，运用资源打造能力。中国的未来、中国企业的未来应全系于此

3. 企业决策管控

企业的决策是决定采取某种行动，使企业所面临的事件呈现令人满意的状态。决策管控就是决策者通过制定决策，采用适合于本企业的决策模式，以达到企业管理的一种管控方法。企业的决策管控主要体现在集权与分权的问题上，高效的集权与分权管控可以带来重要的竞争优势。

集权就是企业的治理权高度集中在最高治理层手里，集中指挥，统一调度，下层人员没有决策权。分权就是将管理权限完全下放，以最大限度地发挥分级治理的优势。许多企业的集权与分权制都显得相当混乱，这会严重影响企业的决策机制以及未来的发展，所以处理好集权与分权的问题，对每个企业的经营管理层都是非常重要的。如果企业不对集权与分权的成本进行分析，不能有效融合集权与分权模式，决策管控将无从谈起。如表3-9所示。

表3-9　　　　　　　　　　企业集权与分权的分析

分析内容	如何分析
集权与分权成本分析	企业治理结构的成本主要是信息成本和委托代理成本。信息成本较大的是集权管理模式，因为集权的体制下，上下级之间的沟通不够流畅，许多信息都不能及时反馈给决策层，而企业经营管理的大环境又可能是瞬息万变的，下层即便能及时获取信息，却因为没有处理权，而无法及时有效地做出决定，从而产生信息不对称带来的成本。由此可见，过度集权会产生较高的信息不对称的成本，而过度分权又会造成不小的委托代理成本
集权与分权的平衡点	为了弥补集权和分权各自的不足，最好的治理模式就是将集权和分权有效地融合。例如，企业的经营方针、未来的发展战略、企业财务预算等由最高治理层决定；日常经营的各种项目计划、现金流量和报告分析等尽可以将权力下放给中层管理人员；企业的成本控制和日常采购开支等可以直接配置给基层工作人员

当然，集权和分权的内涵是非常丰富的，不是简单的是否将权力下放这一个问题。它关系到企业治理的方方面面，甚至影响着企业未来的走向。把握好集权与分权的矛盾对立关系，平衡好企业内部的各种组织关系，不仅是对于企业，而且对于整个社会系统来说都是非常有利的，把握集权与分权的度，才能促进企业发展，促进社会发展。

第四章

卓越的3P绩效管理模式

  3P理论是企业人力资源管理一种模式的英语缩写，指的是职位评估系统（Position Evaluation System）、绩效评价系统（Performance Appraisal System）和薪酬管理系统（Pay Administration System）。3P理论中的各个要素彼此紧密相关，构成一个整体。其中，职位评估是人力资源管理的基础，是做好绩效管理和薪酬管理的前阶性工作；绩效评价是人力资源管理中的难点；薪酬管理是人力资源管理成败的关键。目前，利用3P绩效管理体系解决和提升企业绩效方案市场蓬勃，从多数知名企业采用的情形来看，导入3P绩效管理体系后的投资回报率明显增长。这正是3P绩效管理的魅力所在！

第四章 卓越的3P绩效管理模式

目标责任体系

目标责任体系是职位评估的主要内容，职位评估是3P理论的核心要素之一。不少企业因缺乏完整的目标责任体系，致使人力资源体系（特别是绩效评价体系）无法建立，基础工作的大量时间花费在目标责任体系的重建上，其后果不仅意味着预期目标难以完成，更严重的是会导致管理上的并发症，诸如管理无序、不负责任、推诿扯皮，等等。

东成印刷公司始建于1991年，是一家以生产上级指令性计划任务为主的印制类中型国有企业。2000年，为促进公司的发展，总公司制定了印制企业管理绩效评价规则，对印制企业一定生产经营期间的安全质量、资产运用、成本费用控制等管理成效进行定量及定性对比分析，做出综合评价。总公司制定的印制企业管理绩效评价内容主要包括4个方面：企业成本费用控制状况、企业专业管理能力状况、企业资产效益状况、企业发展能力状况。实施过程中，在考评机构上，东成印刷公司成立了专门负责考核工作的厂绩效考核小组，厂长任组长，3位副厂级领导任组员，共由9位管理部门的相关人员组成。在考评周期上，企业对部门的考核周期是一年，平时有日常考核和月度报告，对班组和管理技术人员的综合考核一般也是在年底，平时主要是日常出勤的考核。在考评办法上，东成印刷公司对绩效目标落实情况每月统计一次，年终进行总考评，并根据考评结果与奖惩挂钩。在考评方式上，考核中采用了"自我评价"和上级部门主观评价相结合的做法，在每季度末月的29日之前，将本部门完成管理绩效目标责任状、行政工作计划情况的季度工作总结与下一季度的工作计划一并报企管处。在考评处理上，对日常考核中发现的问题，由相应主管负责人实施相应奖惩。由此可见该公司具备实施目标管理的基本条件，并且有比较全面的目标管理工作意识。但是东成印刷公司目标管理体系仍旧存在着一些问题，需要改革和完善。

建立健全企业目标责任体系，就是通过设立企业目标，划分各部门责任，明确岗位职责，从而形成立体的目标责任管理系统或体系。

1. 企业目标

企业目标就是创造价值，实现其宗旨所要达到的预期成果。企业目标就是企业发展的终极方向，是指引企业航向的灯塔，是激励企业员工不断前行的精神动力。设定一个高目标就等于达到了目标的一部分。气魄大，方成大业；起点高，方能入高境界；立意远，方能奔腾。只有那些树立远大目标，并为之奋斗的企业才能长盛不衰。

企业要设立目标，更要根据目标之间的关联关系建立目标体系，健全的目标管理制度必须有完善的目标体系，才能加强彼此之间的联系，发挥出整体力量。这就是说一个企业的目标体系不仅意味着目标的设立，同时也涵盖了目标之间的内在联系。目标仿佛企业的"立体交叉"动脉，纵横交错，却秩序井然，每一个分支都围绕一个核心，通过发挥整体力量，构建高效有序的目标管理体系，最终实现预期目标。

设立目标在创业企业中普遍存在，是创业企业的第一步，因此有必要

第四章 卓越的3P绩效管理模式

引起重视。很多创业公司的企业目标是临时的,比如把最近的一项重要工作当成目标。这样的目标只是最基本的日常任务,而不是凝聚整个公司的企业目标。CafePress("个性印品")公司是美国加州的老牌定制服务网站,其设立的企业目标很值得我们的创业公司学习。这家公司为个人用户提供平台,让客户创办自己的网络店铺,出售T恤、咖啡杯、书刊、CD(激光唱片)等小物品。CafePress公司的企业目标是帮助客户开设出售各种小物品的网络店铺,通过优质的服务树立口碑。以下是该公司计划采取的具体行动。如表4-1所示。

表4-1　　　　CafePress公司实现企业目标的具体行动

序号	具体行动
1	建立网络平台并提供优质的服务(目标是实现每位店主月平均销售额达到45美元)。为客户提供营销工具,帮助他们推广商品
2	合理收费(收取客户40%的销售利润)。计划年底完成3000万美元的销售额(平均每个月至少要增加2.5万名客户)
3	倡导绿色环保理念(采用环保印刷材料、使用可循环使用的包装材料)
4	关爱员工(提供全额医疗保险),员工的健康是公司发展的基础
5	为员工提供公司股票的期权,让员工与公司共同成长。这段声明传达的信息非常明确:员工为什么来CafePress公司工作,来了之后要做什么,怎样做才算成功

2. 企业部门职责

企业里的组织结构合理,适应企业正常营运的要求,可以提供满意的客户服务,各岗位上的职责清晰明确,职责不重叠,不会发生责任推诿和越权行为,是保证企业管理绩效的必要条件。如果企业的组织结构不合理,职权关系混乱,岗位职责不清晰,职权交叉、重叠,岗位职责履行效率很低,监控缺失不到位,企业内部工作关系不和谐、不协调,扯皮和责任推诿

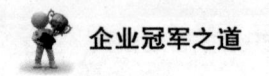

现象很普遍，则不利于提高企业营运效率的弊端长期存在，会严重制约企业的积极进取和快速发展，也包括对新进人才的正常工作对接的严重影响。

明确企业部门职责是一项很复杂的工作，看企业的规模行业及商业运作模式才能诊断问题出现的根源。一般来说，制定目标后，将目标分解到各个部门，各部门分别执行一个工作目标。各部门再次分解目标到部门所有人员，然后需要交到决策层进行分析审核。决策层对于资源重叠的进行调整，优化部门资源，然后定期召开部门会议来协调工作中出现的问题，最后解决这些问题。

这里值得一提的是，企业各部门的职责既有不同，也有交叉。不同点在于各部门职能不同，责任也有不同；交叉强调的是各部门的协同，这一点在讲究合作的时代具有重要意义。

各部门分解目标到人时，需要确定岗位责任。其方法如表4-2所示。

表4-2　　　　　　　企业各部门分解目标方法

序号	方法
1	根据工作任务的需要确立工作岗位名称及其数量
2	根据岗位工种确定岗位职务范围
3	根据工种性质确定岗位使用的设备、工具、工作质量和效率
4	明确岗位环境和确定岗位任职资格
5	确定各个岗位之间的相互关系
6	根据岗位的性质明确实现岗位的目标的责任

3. 岗位说明书

岗位说明书，是表明企业期望员工做些什么、规定员工应该做些什么、应该怎么做和在什么样的情况下履行职责的总汇。制定岗位责任书是企业各部门分解企业目标的一项重要工作。岗位工作说明书最好是根据企业的具体情况进行制定，而且在编制时，要注重文字简单明了，并使用浅显易懂的文字填写；内容要越具体越好，避免形式化、书面化。另外，在实际工作当中，随着企业规模的不断扩大，岗位说明书在制定之后，还要在一定的时间内，有必要给予一定程度的修正和补充，以便与企业的实际发展状况保持同步。而且，岗位工作说明书的基本格式，也要因不同的情况而异。

职务描述与岗位规范的结果是一个规范的职务说明书。它主要包括6项具体内容信息：岗位基本资料、岗位分析日期、岗位工作概述、岗位工作责任、岗位工作资格和岗位发展方向（如表4-3所示）。这6个方面是企业对职务（岗位）的要求与规范，也是员工需要认真遵守和考核的基本标准。同时，通过梳理和描述定位，我们也能够为以后准确的定位该职务在组织中的相对价值以及职务评估考核和招聘奠定理性的参考，也为组织的目标落实在岗位提供明确的标准与基础。

表4-3　　　　　　　　　　企业岗位说明书内容

事项	内容
岗位基本资料	包括岗位名称、岗位工作编号、汇报关系、直属主管、所属部门、工资等级、工资标准、所辖人数、工作性质、工作地点、岗位分析日期、岗位分析人等
岗位分析日期	目的是避免使用过期的岗位说明书
岗位工作概述	简要说明岗位工作的内容，并逐项说明岗位工作活动的内容，以及各活动内容所占时间百分比、活动内容的权限、执行的依据等
岗位工作责任	包括直接责任与领导责任，要逐项列出任职者工作职责
岗位工作资格	即从事该项岗位工作所必须具备的基本资格条件，主要有学历、个性特点、体力要求以及其他方面的要求。包括必备资格和理想资格，其中必备资格是完成某职位工作要求的最低资格，理想资格是在具备必备资格的基础上，若具备某些条件更为理想
岗位发展方向	在部分企业的岗位说明书中还会加上岗位发展方向的内容，希望通过岗位发展方向不仅明确企业内部不同岗位间的相互关系，而且还有利于员工明确发展目标，将自己的职业生涯规划与企业发展结合在一起

有必要注意的是，岗位工作说明书的内容可依据岗位工作分析的目标加以调整，内容可繁可简。岗位工作说明书的外在形式，是根据一项工作编制一份书面材料，可用表格显示，也可用文字叙述。岗位说明书的格式可以是多种多样的，关键是要在使用了统一格式的岗位说明书后，应该用准确、简洁的语言，将上述的6项信息全部或主要部分加以表述，以便形成规范、准确、使用方便的治理文件。

另外，岗位工作说明书的编写并不是一劳永逸的工作。实际中，企业组织系统内经常有职位增加、撤销的情况出现，更常见的情形便是岗位的某项工作职责和内容的变动，甚至于每一次工作信息的变动，都应该要求及时记录在案，并迅速反映到岗位工作说明书的调整之中。在碰到岗位工作说明书要加以调整的情况下，一般由岗位所在部门的负责人向人力资源部提出申请，并填写标准的岗位说明书修改表，由人力资源部门进行信息收集，并对职位说明书做出相应的修改。

绩效管控体系

绩效管控体系是3P理论的重要内容之一。"绩效第一"是企业生存的根本法则，没有绩效，企业就没办法可持续发展。

J公司是一家以制造港口起重自动化设备为主的研发、生产、销售一体化的民营企业。随着产品产量的加大与销售业务的扩展，该公司在员工薪酬管理方面遇到不少困难和问题。在研究了J公司的工资分配制度及近期工资报表等相关文件之后，结合对人力资源部和公司高层管理人员的访谈，咨询顾问了解到在现有的薪酬制度中，销售人员采取固定工资和提成相结合的工资制度，其余员工全部采取固定工资和加班工资相结合的制度。员工的奖金发放无成文制度可遵循，全凭管理层的一句话。总体来看，该薪酬制度存在4个问题：工资与员工个人技能和能力脱钩；工资与员工具体工作表现脱节；工资与公司整体绩效关联不大；销售人员的工资无法激励其团队成员相互合作。

明确问题之后，咨询顾问着手进行工作分析与岗位评价工作，这是薪酬体系方案设计实施的第二步。通过工作分析可以明确与薪酬决策有关的工作特征，包括岗位对企业战略的贡献、工作所需知识及能力水平，工作职责、工作任务的复杂性与难度、工作环境条件等；而进一步实施岗位评价所得到的岗位价值序列，则可较好地保证企业内部薪酬的公平性。J公司设计薪酬体系的基础是岗位技能工资，它从员工的岗位价值和技能因素两方面来评价员工的贡献。咨询顾问以工作分析和岗位评价所得结果为依据，把公司所有200多个岗位分为核心层A、中间层B和基层C三个层次，以及管理类、技术类、销售类、专业类、行政事务类和工勤类六大类别。从实施效果来看，该公司在员工薪酬管理方面遇到的困难和问题得到了有效改善。

所谓绩效管控体系，是指各级管理者和员工为了达到组织目标共同参与绩效考核评价、绩效结果应用、绩效目标提升的持续循环过程。这里从绩效考核方法、绩效考核流程、绩效考核应用三方面来讨论绩效管控体系的构建。

1. 绩效考核方法

绩效考核方法有很多，有人将常用的方法罗列成下面6个。如表4-4所示。

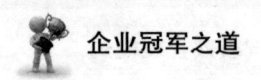

表4-4　　　　　　　　　　企业绩效考核方法

方法	内容
简单排序法	也称序列法或序列评定法，即对一批考核对象按照一定标准排出"1234……"的顺序。第一步，拟定考核的项目；第二步，就每项内容对被考核人进行评定，并排出序列；第三步，把每个人各自考核项目的序数相加，得出各自的排序总分数与名次
平衡计分卡	是从财务、顾客、内部业务过程、学习与成长4个方面来衡量绩效。它一方面考核企业的产出（上期的结果），另一方面考核企业未来成长的潜力（下期的预测）；再从顾客角度和内部业务角度两方面考核企业的运营状况参数，把企业的长期战略与企业的短期行动充分联系起来，把远景目标转化为一套系统的绩效考核指标
强制分配法	是按预先规定的比例将被评价者分配到各个绩效类别上的方法。这种方法根据统计学正态分布原理进行，其特点是两边的最高分、最低分者很少，处于中间者居多
要素评定法	也称功能测评法或测评量表法，是把定性考核和定量考核结合起来的方法。操作顺序是：确定考核项目；将指标按优劣程度划分等级；对考核人员进行培训；进行考核打分；对所取得的资料分析、调整和汇总
目标管理法	是一种综合性的绩效管理方法。实施步骤：确定工作职责范围；确定具体的目标值；审阅确定目标；实施目标；小结
360度考核法	是多角度进行的比较全面的绩效考核方法，也称全方位考核法或全面评价法。首先，听取意见，填写调查表；其次，对被考核者的各方面做出评价；最后，在分析讨论考核结果的基础上双方讨论，定出下年度的绩效目标

2. 绩效考核流程

绩效考核依据不同的单位或者企业有所区别，一般流程归纳为图 4-1 所示。

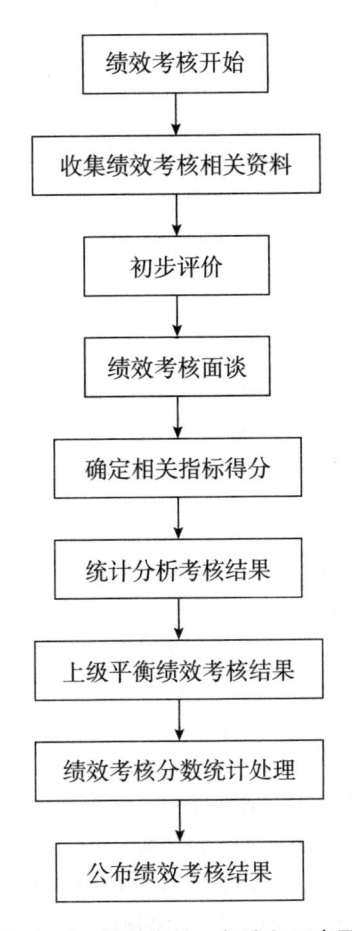

```
绩效考核开始
    ↓
收集绩效考核相关资料
    ↓
初步评价
    ↓
绩效考核面谈
    ↓
确定相关指标得分
    ↓
统计分析考核结果
    ↓
上级平衡绩效考核结果
    ↓
绩效考核分数统计处理
    ↓
公布绩效考核结果
```

图 4-1　绩效考核一般流程示意图

实施绩效考核一般需要遵循以下步骤。如表 4-5 所示。

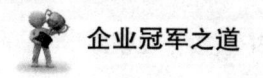

表4-5　　　　　　　　　　企业绩效考核实施步骤

步骤	实施细则
召开会议，宣布考核开始	绩效考核开始时，一般要召开绩效考核会议，由公司高层领导和各部门负责人参加，会上将由人力资源部向有关人员发放绩效考核表单，同时讲明绩效考核的注意事项。公司总经理一般应在会上发言，强调绩效考核工作的重要性，并要求各部门给予高度重视
收集、整理数据	相关部门应及时收集、整理相关考核数据资料，涉及其他部门的考核数据，一定要全面、公正，涉及自己部门的考核数据，一定要公正、客观，同时提供证明资料。要将各相关数据资料及时提交给人力资源部，人力资源部汇总各方面资料，并将相关绩效计划提交给各有关绩效考核者
初步评价	绩效考核者根据绩效考核数据对被考核者进行初步评价。绩效考核者应熟练掌握绩效考核有关工具和技巧，熟练掌握有关考核表单，逐项对照被考核者的工作绩效，对各考核指标进行初步打分
沟通	初步打分后，绩效考核者应和被考核者进行沟通，对存在不同见解的地方取得一致意见，对存在的问题分析原因；绩效考核者应充分听取员工的意见，听取员工的解释。不过，考核不是讨价还价，最终的绩效考核分数由绩效考核者确定，不一定非要取得被考核者的同意，但要让被考核者知晓绩效考核高或低的原因
确定相关指标得分	考核者和被考核者经过充分沟通后，如果对某些指标存在重大分歧，那么考核者可以根据情况决定是否向上一级请示处理结果，也可以自己决定评价结果。只要做到考核结果的公正、公平，被考核者一时的不理解不会影响绩效管理的最终成效
统计、分析其结果	人力资源部要及时统计、分析绩效考核结果，对明显不重视绩效考核或打分明显不合理的地方，应责令相关人员改正。人力资源部应对绩效考核结果做出初步分析后，将考核结果提交给上级领导，为领导的决策提供依据

续 表

步骤	实施细则
调整、平衡考核结果	上级领导首先应平衡各部门之间的分数,如果某些部门领导打分标准太高或者太低,那么可以和相关绩效考核者进行沟通,重新对相关指标进行考核评价。如果绩效考核有明显不合理之处,上级领导应详细分析原因,与绩效考核者进行充分沟通,必要时可以对考核结果进行修改,但不能修改原始考核记录
分数统计处理	人力资源部负责对绩效考核分数进行统计处理,确定最终的绩效考核结果。人力资源部负责绩效考核结果的合理应用,包括绩效工资及奖金计算、岗位工资晋级调整、培训计划制订、绩效改进计划制订等
公布结果	公司应将绩效考核结果在公司局域网或以其他适当方式公布,对绩效考核存在疑义的员工,可以在规定期限内对考核结果提出上诉;超过规定期限不上诉的,视为员工接受绩效考核结果

3. 绩效考核应用

绩效考核作为有效的管理工作,是过程而不是目的,最终要将结果予以应用,要与人力资源管理决策挂钩。具体来说,绩效考核有以下几方面的应用。如表4-6所示。

表4-6　　　　　　　企业绩效考核的应用范围

应用范围	含义
引导员工行为	考核是一个指挥棒,有什么样的考核项目,就会有什么样的员工行为。反过来讲,要想改变员工的行为,就要改变考核的项目。考核是引导员工行为的有效办法,要想使员工的行为趋向于组织目标,那就要设计一套有助于引导员工行为朝向组织目标的考核项目

续 表

应用范围	含义
建立绩效伙伴	传统的考核是一种单向的,管理者好像高高在上的法官,在指责和挑剔员工的毛病,而现代绩效考核强调的是双向的,也就是强调主管要和员工之间建立绩效伙伴关系,所谓绩效伙伴关系,就是用考核建立一种连带负责关系。在这种绩效伙伴关系下,员工的绩效直接与主管相关联,主管就会帮助员工去提高能力,改进工作
提供改善建议	一个员工的绩效下降时,有两个方面的原因:一是能力问题,这种员工我们把他们叫作不能型,不是他不愿意干,而是他干不了。解决这种问题的办法,可以通过改善知识,改善技能和改善员工的经验,来达到改善能力的目的,从而得到他改善绩效这样的一个效果。二是态度问题,并不是员工的能力不够,而是态度不好,不是不能干而是他不想干。影响一个员工态度的要素和影响一个员工能力的要素是不同的,影响一个员工能力的主要是他的知识技能,但影响一个员工态度的是他的价值观、他的认知和他的情感。所以,我们就需要分析,千万不能对态度问题采用解决能力的办法
招募甄选依据	企业会有很多招聘活动,不断有新人来应聘,那么有两个数据可作为依据,一个是原单位已支付他的报酬,一个是他在原单位创造的效益,通过这两个数据一比,你就可以得到结论,帮你做出选择
培训开发依据	企业重视培训,是一个大的趋势,而且这对企业竞争优势的提高具有非常好的战略意义。通过考核,找到员工现有的能力表现,和企业所要求的能力表现之间的差距,差什么补什么,知识不足的补知识,能力不足的去提高他的能力,经验不足的去积累经验

第四章　卓越的3P绩效管理模式

薪酬激励体系

薪酬是指劳动者依靠劳动所获得的所有劳动报酬的总和。激励，简言之就是调动人的工作积极性，把其潜在的能力充分地发挥出来。薪酬激励就是有效地提高员工工作的积极性，在此基础上促进效率的提高，最终能够促进企业的发展。在企业赢利的同时，员工的能力也能得到很好的提升，实现自我价值。

某企业是一家资源型的生产企业，其母公司已上市，由于行业进入的较早，加上发展前期国家的政策支持，企业的效益与利润都比较丰厚，薪酬水平在当地很有竞争力。但高水平的薪酬付出并没有发挥出其应有的激励效果，员工对薪酬的满意度并不高，企业上下纪律散漫，消极怠工现象比较严重，员工的工作积极性不高，骨干员工不断流失。另外，由于企业是由乡镇企业发展而来，员工特别是管理层员工素质普遍不高，企业领导者近年来不断尝试从外部引进高素质的人才，希望给企业带来新鲜血液来改变企业的现状，但引进的人才在企业待不了多久就大量流失。为此，该企业委托鼎信咨询为其薪酬体系进行体系规划与设计，希望提高员工积极性，吸引和保留住优秀人才，提高企业竞争力。

为了解决上述问题，该企业决定通过职位评估，来确定职位的相对价值，根据职位相对价值确定薪酬待遇水平，拉开薪酬档次，同时设置浮动工资与员工的个人业绩表现挂钩。通过改变薪酬结构，体现内部公平性，薪酬政策向核心骨干倾斜，最终目标是吸引、留住和激励核心员工，实现企业长远发展。采取的具体方法如下：

一是职位评估，确定职位价值。解决职位价值大小的工具是职位评估，从责任因素、知识技能因素、努力程度因素、工作环境因素等方面对企业所有职位进行评估，并根据企业的行业特点、地区特点、企业文化要求对评估要素进行了调整，确保评估能真实反映职位价值及企业现在和未来导向。职位评估完成后，根据评分结果对各职位进行排序，这样每个职位在企业职位体系中的相对价值就体现出来。中高层与基层的职位价值差距就拉开了，关键岗位，特别是技术岗位与普通员工的职位价值差距也拉开了。

二是关键岗位适度领先，拉开薪酬档。通过职位评估，明确了关键岗位的职位价值，再根据市场调研的结果，就确定了薪酬调整的方向：关键岗位，包括中高层以及技术岗位的薪酬水平要大幅度提升，保证市场竞争力，吸引和保留优秀人才；对于普通岗位与可替代岗位，基于稳定人心的考虑，在保持原有薪酬水平的情况下，做个别微调。由于关键岗位的薪酬在企业薪酬总额中所占比例较小，薪酬提升对人工成本的影响也较小。

三是宽带薪酬，拓展薪酬空间。以职位评估结果为依据，采用宽带薪酬的理念，整个企业薪酬体系设置若干薪等，每一薪等设置11个薪档。同一岗位或同一岗级的员工由于个人工作经验和工作能力的差异，对岗位的胜任度是不一样的，可将其薪酬定位在同一薪等的不同薪档，另外也拉大了员工的薪酬调整空间，使员工在岗位（或薪等）不变的情况下薪酬也有一定的发展空间。低一级高档次的薪酬水平比高一级低档次的薪酬要高，这就鼓励员工在本职岗位上做精做透，充分发掘本职位的岗位价值，虽然职位没有提升，但也有可能拿到比上一级员工高的薪酬待遇。

第四章　卓越的3P绩效管理模式

四是设置浮动工资，与个人业绩挂钩。由职位价值确定的薪酬水平分成固定部分与浮动部分。固定部分每月固定发放，起到保健作用；浮动部分与个人绩效挂钩，起激励作用。浮动工资占个人工资总额的比重也有所不同，通常情况下承担的责任越大，浮动部分比例越大。通过浮动工资的设计，优秀员工由于自身工作努力的结果可以拿到较高的收入，而对于平时工作懒散的，绩效较差的员工，只能拿到较低的收入，真正体现了多劳多得，干好干坏不一样。对于中高层管理者等关键岗位，他们的工作业绩的好坏对企业的整体业绩影响较大，因此对他们浮动工资比例设置得也较高，这样这部分关键员工的利益就与企业的利益紧密联系在一起，更好地提高他们的工作积极性。

通过薪酬制度的改革以及相配套的一系列措施，该企业的工作氛围得到了较好的改观，员工流失情况有了很大改善，在薪酬总额增加不多的情况下，通过薪酬结构的优化，提高了员工的公平感与满意度，使薪酬真正起到激励的作用。

建立薪酬激励体系对企业来说至关重要。事实上，企业采用何种薪酬体系和怎样的薪酬结构必然存在差异，只有根据自身特点建立合理的薪酬结构，才能较好地发挥薪酬的激励作用。

1. 薪酬结构

薪酬，由薪和酬组成。在现实的企业管理环境中，往往将两者融合在一起运用。薪，指薪水，又称薪金、薪资，所有可以用现金、物质来衡量的个人回报都可以称之为薪，也就是说薪是可以数据化的，我们发给员工的工资、保险、实物福利、奖金、提成等都是薪。做工资、人工成本预算时我们预计的数额都是"薪"。酬，报酬、报答、酬谢，是一种着眼于精神层面的酬劳。薪和酬就像硬币的两面,必须同时存在,同时考虑。

薪酬是员工因向所在的组织提供劳务而获得的各种形式的酬劳。狭义的薪酬指货币和可以转化为货币的报酬。广义的薪酬除了包括狭义的薪酬以外,还包括获得的各种非货币形式的满足。

通常的薪酬结构 = 岗位技能工资 + 绩效工资 + 年资工资 + 奖金 + 津贴 + 补贴 + 福利 + 股票期权。其中各项含义如表4-7所示。

表4-7　　　　　　　　薪酬结构要素及其含义

要素	含义
岗位技能工资	根据岗位评价的结果确定各岗位的初始等级,依据不同岗位的业务特点,参考员工技能因素和岗位承担的责任,确定各自的岗位工资等级,体现了岗位的内在价值和员工技能因素
绩效工资	根据员工绩效表现来支付。每家企业都有计算绩效工资的绩效方案
年资工资	奖励员工在企业的时间。一般员工入职每增加一年会有一个递增数值
奖金	是指支付给职工的超额劳动报酬和增收节支的劳动报酬。奖金种类很多,不同序列的职位奖励方式也不同
津贴	是指为了补偿职工特殊或额外的劳动消耗和因其他特殊原因支付给职工的津贴,包括补偿职工特殊或额外劳动消耗的津贴、保健性津贴、技术性津贴、年功性津贴及其他津贴
补贴	是为了保证职工工资水平不受物价影响而支付给职工的物价补贴,包括为保证职工工资水平不受物价上涨或变动影响而支付的各种补贴
福利	是一种以非现金形式支付给员工的报酬。员工福利从构成上来说可分成两类:法定福利和企业福利。法定福利是国家或地方政府为保障员工利益而强制各类组织执行的报酬部分,如社会保险;而企业福利是建立在企业自愿基础之上的。员工福利内容包括补充养老、补充医疗、住房、寿险、意外险、财产险、带薪休假、免费午餐、班车、员工文娱活动、休闲旅游等

第四章　卓越的3P绩效管理模式

续　表

要素	含义
股票期权	主要包括员工持股计划和股票期权计划。员工持股计划主要针对企业中的中基层员工；而股票期权计划则主要针对中高层管理人员、核心业务和技术人才。员工持股计划和股票期权计划不仅是针对员工的一种长期报酬形式，而且是将员工的个人利益与组织的整体利益相连接、优化企业治理结构的重要方式，是现代企业动力系统的重要组成部分。近年来股权激励已经受到越来越多中国企业的青睐

2. 薪酬设计

薪酬设计本质上就是对员工行为的一种指引。从企业角度说，薪酬设计降低了人员流动率，特别是防止高级人才的流动，而短期激励和长期激励相结合，更容易吸引高级人才；减少了内部矛盾，因为薪酬涉及每位员工的切身利益，极易引起员工的不满和不公平感。从员工角度来说，薪酬设计的短期激励满足了员工生存的需要，长期激励满足了员工的发展需要。通过薪酬设计，使优质资源永远向优秀人才倾斜，好的薪酬机制要让强者更强，鼓励弱者跟上强者的步伐。

基于上述需要，设计薪酬时必须遵循一定的原则，这些原则包括战略导向、经济性、体现员工价值、相对公平、外部竞争性等。

战略导向强调企业设计薪酬时必须从企业战略的角度进行分析，制定的薪酬政策和制度必须体现企业发展战略的要求。

经济性强调企业设计薪酬时必须充分考虑企业自身发展的特点和支付能力。它包括两个方面的含义：从短期来看，企业的销售收入扣除各项非人工（人力资源）费用和成本后，要能够支付企业所有员工的薪酬；从长期来看，企业在支付所有员工的薪酬，及补偿所用非人工费用和成本后，要有盈余，这样才能支撑企业追加和扩大投资，获得企业的可持续发展。

体现员工价值的含义是,现代的人力资源管理必须解决企业的三大基本矛盾,即人力资源管理与企业发展战略之间的矛盾、企业发展与员工发展之间的矛盾和员工创造与员工待遇之间的矛盾。

相对公平即内部一致性,强调企业在设计薪酬时要"一碗水端平"。内部一致性原则包含几个方面:一是横向公平,即企业所有员工之间的薪酬标准、尺度应该是一致的;二是纵向公平,即企业设计薪酬时必须考虑到历史的延续性,一个员工过去的投入产出比现在乃至将来都应该基本上是一致的,而且还应该是有所增长的。

外部竞争性强调企业在设计薪酬时必须考虑到同行业薪酬市场的薪酬水平和竞争对手的薪酬水平,保证企业的薪酬水平在市场上具有一定的竞争力,能充分地吸引和留住企业发展所需的战略、关键性人才。

一般来说,薪酬设计纲要依次按照以下步骤来完成:

第一步,职位分析。结合企业经营目标,企业管理层要在业务分析和人员分析的基础上,明确部门职能和职位关系,人力资源部和各部门主管合作编写职位说明书。

第二步,职位评价。比较企业内部各个职位的相对重要性,得出职位等级序列;为进行薪资调查建立统一的职位评估标准,消除不同企业间由于职位名称不同或即使职位名称相同但实际工作要求和工作内容不同所导致的职位难度差异,使不同职位之间具有可比性,为确保工资的公平性奠定基础。它是职位分析的自然结果,同时又以职位说明书为依据。

第三步,薪资调查。调查的对象最好是选择与自己有竞争关系的企业或同行业的类似企业,重点考虑员工的流失去向和招聘来源。薪资调查的数据,要有上年度的薪资增长状况、不同薪资结构对比、不同职位和不同级别的职位薪资数据、奖金和福利状况、长期激励措施以及未来薪资走势分析等。

第四步,薪资定位。在分析同行业的薪资数据后,需要做的是根据企业状

第四章　卓越的3P绩效管理模式

况选用不同的薪资水平。在薪资定位上，可以选择领先策略或跟随策略。

第五步，结构设计。要综合考虑三个方面的因素：一是其职位等级；二是个人的技能和资历；三是个人绩效。在工资结构上与其相对应的，分别是职位工资、技能工资、绩效工资。也有的将前两者合并考虑，作为确定一个人基本工资的基础。确定职位工资，需要对职位做评估；确定技能工资，需要对人员资历做评估；确定绩效工资，需要对工作表现做评估；确定企业的整体薪资水平，需要对企业的赢利能力、支付能力做评估。每一种评估都需要一套程序和办法。

第六步，实施修正。在确定薪资调整比例时，要对总体薪资水平做出准确的预算。为准确起见，最好同时由人力资源部做此测算。因为按照外企的惯例，财务部门并不清楚具体工资数据和人员变动情况。人力资源部需要建好工资台账，并设计一套比较好的测算方法。

薪酬设计有几个注意事项。如何设计具有科学性、合理性、系统性的薪酬体系，做到按劳分配、多劳多得、公平公正呢？在设计薪酬体系时，要注意以下8项细节。如表4-8所示。

表4-8　　　　　　　　薪酬设计要注意的8项细节

细节	含义
薪酬结构要合理	薪资体系的构成一般由基本薪、职位薪、绩效薪、年资、加班工资、奖金等组成，尤其是基本薪、职位薪、绩效薪的比例要合理。基本工资对企业来说一般是通用型，满足当地最低工资水准，体现薪水的刚性。职位薪则根据不同职位的工作分析，来分析岗位的价值，做出科学准确的岗位评估，来体现职位薪水的高低，满足员工内部薪资平衡心理。绩效薪是根据绩效结果的达成，来确定绩效工资多少。企业内不同层次的员工，绩效薪占整个薪资总额比例不一样。高层一般占40%~50%，中层20%~30%，基层10%~20%。年资属于内部普调工资，应体现工资的平衡公平性，加班工资的计算则要体现工资的合法性

续表

细节	含义
薪酬水准有竞争力	薪酬水准影响企业吸引人才的能力和在行业中的竞争力。因此，如果一个企业的薪酬水准低于当地同类型企业和行业市场水准，同时又没有与之相配合的措施如稳定、较高的福利、便利的工作条件、有吸引力和提升性的培训机会等，就容易造成员工流失，直接或间接影响企业的利润率和经营发展目标的实现
执薪公正，同工同酬	如果一个企业不能做到同工同酬，员工就会认为自己受到不公正待遇。因此，员工在工作中就会产生消极怠工，降低努力程度，在极端情况下将有可能造成辞职。如果这是一名普通员工的话，或许他的做法给企业造成的损失不会太大，但却可能使企业名誉受损。如果这是一名优秀员工或者高级主管，他的消极工作态度，甚至是辞职离去，给企业造成的损失将难以估量
分工合理，劳逸平均	注意同级别、同层次员工分工合理，劳逸平均。如果一家企业中，在同一层次和同一级别的员工中，有些人一天到晚忙得连喘息的机会都没有，而有些员工却无事可做，喝茶聊天，这说明岗位工作分工出了问题。同级别和层次的员工岗位工作量、工作难易程度、岗位职责不一致，其薪酬的公平、公正和薪资对等性肯定存在问题。长此以往，企业的员工一定会是满腹牢骚，轻则造成内部不团结，影响士气，重则造成员工消极、人心不稳、跳槽频繁
薪资水平差异不能太大	中高层管理或技术人员属于企业核心人才，所产生的价值确实不一样，工资水准也不一样。但如果出现企业中高层岗位的薪水与基层员工的差异达到8～10倍以上，则基层员工与管理层的关系疏远甚至僵化，基层员工情绪低落，士气下降，整个企业将出现死气沉沉的局面，而中高层的工作也难以开展
调薪有依据，考评公正	企业内岗位的调薪，做好了能激励员工的士气，做不好会动摇部分员工的信心。尤其是毫无根据地随意调薪，或绩效评估不公正，都会导致员工对企业的薪酬系统产生怀疑，甚至不满，调薪必须有依据、讲原则、重激励

续　表

细节	含义
薪资计算准确，发放及时	企业不能够做到准时发放薪资，薪资计算经常出现错误，都会导致员工对企业的信用产生疑问，很可能致使企业名誉遭受损失，也可能使外部投资者对该企业丧失信心，同时拖欠员工薪水也违反劳动法律法规，得不偿失
企业利润与员工适当共享	企业是个利益共同体，利润大家创造，收益共同分享。因此，企业利润要拿出少部分与重要岗位、重要员工和努力工作创造良好业绩的员工进行分享。同时，注意分配的度。如果分给员工的过少，可能会导致员工不满，影响员工工作的积极性；分给员工的过多，这样企业自身留取的盈余可能不能满足长远发展的需要，与前者相比，企业的损失更大。优秀企业如华为、联想等企业都会拿出10%~20%的利润给员工分配，这同期股期权的激励并不一样

3. 薪酬应用

说到薪酬应用，薪酬的作用是个绕不开的话题。那么我们先来看看薪酬的作用有哪些。如表4-9所示。

表4-9　　　　　　　　　　薪酬的作用

作用	含义
维持和保障作用	员工必须购买必要的生活资料以维持生活的需要，如衣、食、住、行等方面的支出；为了满足技术进步以及生产发展的需要，员工需要不断提高自己的技能以免被组织淘汰，这样在学习、培训、进修等方面的支出是不可缺少的；为了满足自身需求在娱乐、社交等方面也会有大量的支出。以上分析可以看出，薪酬对于员工是很必要的，对员工而言意味着保障；薪酬对于组织而言也是必要的，因为这是维持劳动力生产和再生产的需要

续　表

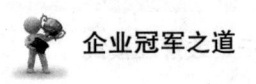

作用	含义
激励作用	绩效管理获得良性循环，以下三个方面是非常重要的环节：一是目标管理环节，二是绩效考核环节，三是激励控制环节。在激励控制环节，通过适当激励使个人满意，产生激励效应，从而提高个人和组织的效率，这是绩效管理的目标之一，而薪酬在这个方面起着决定性的作用
优化劳动力资源配置的功能	薪酬对于社会具有劳动力资源的配置功能，不同区域、不同行业、不同职业的薪酬不一样，劳动力供给和需求的矛盾在劳动力价格形成过程中起着非常重要的作用。当某一地区劳动力供不应求时，会导致这一地区薪酬水平的增加，薪酬的增加会吸引其他地区劳动力向紧缺的区域流动，这样会增加这一地区劳动力的供给，将薪酬维持在适当的水平。当某一行业劳动力供不应求时，会导致这一行业薪酬水平的增加，薪酬的增加会吸引其他行业劳动力向紧缺的行业流动，这样会增加这一行业劳动力的供给，将薪酬维持在适当的水平。当某一职业劳动力供不应求时，会导致这一职业薪酬水平的增加，薪酬的增加会吸引其他职业劳动者或新就业劳动者向紧缺职业流动，这样会增加这一职业劳动力的供给，最终将薪酬维持在适当的水平上。当然上述流动过程并不是自然而然实现的，会受到很多因素的制约。劳动力跨区域流动会受到地域限制、生活习惯和生存成本的制约；跨行业流动受到行业政策、行业经验的制约；跨职业人才流动受到知识技能、职业经验的制约

如今企业的发展越来越取决于员工对企业的融合程度，而让员工和企业抱成团的重要部分就是薪酬激励。薪酬激励可以提高员工工作积极性，激发员工创造力，员工所得到的薪酬既是企业对其过去工作努力的肯定和补偿，也是他们对未来努力工作得到报酬的预期，能够激励员工在未来也努力工作，从而最大限度地激发员工的工作激情和创造力。因此，薪酬激励已成为现代人力资源管理的重要组成部分，是人力资源管理的一个重要

第四章　卓越的3P绩效管理模式

工具,若使用恰当,它对提高企业的竞争力有着不容忽视的作用。薪酬是激励员工的动力源泉,可以激励绩效,可以激发员工开发技能,可以提高员工的积极性。

从薪酬的应用上看,当前主流薪酬模式有5种:基于岗位的薪酬模式、基于绩效的薪酬模式、基于技能的薪酬模式、基于市场的薪酬模式、基于年功的薪酬模式。这些薪酬模式的设计需要高度遵循企业战略,没有匹配战略的薪酬导向就是没有方向的瞎指挥,对企业的发展将起到阻碍作用。

岗位薪酬是以岗位的价值作为支付工资的基础和依据,在岗位价值基础上构建的支付薪酬的方法和依据,即在确定员工的基本工资时,首先对岗位本身的价值做出客观的评价,然后再根据评价结果赋予承担这一岗位工作的人与该岗位价值相当的基本工资。通俗地讲就是在什么岗,拿什么钱。对岗不对人,对于员工而言,岗位更为客观、稳定。和传统按资历和行政级别的付酬模式相比,该模式真正实现了同岗同酬,内部公平性比较强。职位晋升,薪酬也晋级,调动了员工努力工作以争取晋升机会的积极性。不足是,如果一个员工长期得不到晋升,尽管本岗工作越来越出色,但其收入水平很难有较大的提高,也会影响了其工作的积极性。

绩效薪酬是以员工的工作业绩为基础支付工资,支付的唯一根据或主要根据是工作成绩或劳动效率。将员工的绩效同制定的标准相比较以确定其绩效工资的额度,形式有计件(工时)工资制、佣金制、年薪制等。绩效工资制适用于生产工人、管理人员、销售人员等。在该模式下,员工的收入和工作目标的完成情况直接挂钩,让员工感觉很公平,"干多干少干好干坏不一样",激励效果明显。员工的工作目标明确,通过层层目标分解,组织战略容易实现。企业不用事先支付过高的人工成本,在整体绩效不好时能够节省人工成本。不足在于,员工收入在考虑个人绩效时,会造成部门或者团队内部成员的不良竞争,为取得好的个人绩效,员工可能会

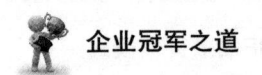

减少合作。因此，在需要团队协作制胜时，不应过分强调个人绩效对收入的作用。

技能薪酬是以员工所具备的能力/技能作为工资支付的根本基础，即以人的能力要素作为工资支付的直接对象。这种模式认为员工获得报酬的差异主要来自人本身能力水平的差异，而非职位等级的高低、职位价值的高低。基于技能的薪酬模式用通俗的说法就是有好的能力就有好的结果，这种薪酬模式适用于企业中的技术工人、技师、科技研发人员、专业管理者等。该模式下的员工注重能力的提升，就容易转换岗位，也就增加了发展机会，将来即使不在这个企业也会有竞争力。不愿意在行政管理岗位上发展的员工可以在专业领域深入下去，同样获得好的待遇，对企业来说留住了专业技术人才。员工能力的不断提升，使企业能够适应环境的多变，企业的灵活性增强。不足在于，做同样的工作，但由于两个人的技能不同而收入不同，容易造成不公平感。

市场薪酬是根据市场价格确定企业薪酬水平，根据地区及行业人才市场的薪酬调查结果，来确定岗位的具体薪酬水平。至于采取高于、等于还是低于市场水平，要考虑企业的赢利状况及人力资源策略。市场经济供求关系决定价格的基本规律也适用于员工的工资模式，人才资源的稀缺程度在很大程度上决定了薪酬的水平。一般适用于企业的核心人员。企业可以通过薪酬策略吸引和留住关键人才，也可以通过调整那些替代性强的人才的薪酬水平，从而节省人工成本，提高企业竞争力。参照市场定工资，长期会容易让员工接受，降低员工在企业内部的矛盾。不足在于，市场导向的工资制度要求企业良好的发展能力和赢利水平，否则难以支付和市场接轨的工资水平。

年功薪酬是一种简单而传统的薪酬制度，它是按照员工为企业服务期的长短而支付或增加薪酬的一种管理制度，往往与终生雇佣制相关联。其

第四章 卓越的3P绩效管理模式

基本特点是员工的企业工龄越长，工资越高。该模式有助于培养员工的忠诚度和安全感。不足在于工资刚性太强，弹性太弱，不容易调整，容易形成论资排辈的氛围，不利于人才成长。

值得一提的是，薪酬管理是企业高层管理者以及所有员工最为关注的内容，这些当前主流薪酬模式以及知名企业的薪酬模式可以给我们带来一些可贵的思考。

第五章

营销进化

　　人类经历了很长的手工抄写广告阶段，到19世纪末20世纪初营销理论才相继提出，运用市场营销理论的可口可乐等获得巨大成功。然而发展到21世纪，网络营销、市场营销、社会化营销、自媒体营销等营销方式层出不穷，营销理论越来越精细化，营销战略规划已经成为企业总体战略规划的组成部分。事实上，无论营销进化到什么程度，营销的基本操作原则目前仍然具有实际指导意义，这些基本操作原则涉及对影响营销战略规划的各种因素进行分析，对营销战略规划的制定与管控。尤其是在营销进化的网络时代，这些基本原则的运用更具有时代特点，而把握这些特点和实际运用，是新时期营销制胜所必需的。

第五章 营销进化

营销的战略规划

营销战略规划一般都必须从解答"到底我们预期能获得多少销售量才能获得利润"这一问题开始,而这个问题只能从市场营销分析及进行营销规划中找出答案。市场营销战略规划被认为准确无误,其他非市场营销部门才能开始设计其生产、财务及人事等规划,以协助营销规划的实施,因此它是企业用以达成目标的基本方法,是企业相关战略性规划的基础。市场营销战略规划是从分析影响营销战略规划的各种因素入手来制定、实施的。

任何事物都是发展的,企业营销也是在发展过程中不断丰富和完善的。因此,我们在眼下讨论"营销的战略规划",需要首先重点讨论营销战略规划的影响因素分析及其制定,同时,需要对企业营销的进化历程和知识经济时代的市场营销战略有所了解,因为宏观的视角对眼下的任何规划都具有重要意义。

1. 营销战略分析与规划

营销战略是企业市场营销部门根据战略规划,在综合考虑外部市场机会及内部资源状况等因素的基础上,确定目标市场,选择相应的市场营销策略组合,并予以有效实施和控制的过程。市场营销战略规划从企业制定这一规划的条件出发,了解制定市场营销战略的内外环境,以及行业动向和竞争、本企业状况,使企业的内部、外部条件达到动态的平衡。

制定市场营销战略的前提条件是企业的经营理念、方针、企业战略、市场营销目标等。这些条件一般是既定的，像市场营销目标也许尚未定好，但在市场营销战略的制定过程中首先要确定的就是市场营销目标。确定目标时必须考虑量的目标如销售量、利润额、市场占有率等，质的目标如提高企业形象、知名度、获得顾客等，其他目标如市场开拓、新产品的开发销售、现有产品的促销等；还必须考虑具体目标与整体战略的联系，使目标与企业的目的以及企业理念中所明确的、对市场和顾客的姿态相适应。分析制定市场营销战略的内外环境，主要是对宏观环境、市场情况、行业动向和竞争、本企业状况等进行分析，以期准确、动态地把握市场机会。如表5-1所示。

表5-1　　　　　　　　营销战略分析与规划

事项	含义
宏观环境	即围绕企业和市场的环境，包括政治、法律、社会、文化、经济、技术等。了解分析这些环境对制定市场营销战略至关重要。其理由有三：一是市场营销的成果很大程度上要受到其环境的左右；二是这些属不可控制因素，难以掌握，企业必须有组织地进行调研、收集信息，并科学地对其进行分析；三是这些环境正加速变化
市场情况	从市场特性和市场状况两个方面来对其进行分析。首先看市场特性，它包括以下几个方面：一是互选性，即企业可选择进入的市场，市场（顾客）也可选择企业（产品）。二是流动性变化，即市场会随经济、社会、文化等的发展而发生变化，包括量和质的变化。三是竞争性，即市场是企业竞争的场所，众多的企业在市场上展开着激烈的竞争。四是导向性，即市场是企业营销活动的出发点，也是归着点，担负着起点和终点的双重作用。五是非固定性，即市场可通过企业的作用去扩大、改变甚至创造。其次看市场状况，它可以考虑几个问题：一是市场由市场规模、人口、购买欲望三大要素构成；二是市场是同质还是异质；三是绝大部分产品供大于求，形成买方市场

续 表

事项	含义
行业动向和竞争	把握住了行业动向和竞争就等于掌握了成功的要素，所以一要了解和把握企业所在行业的现状及发展动向；二要明确竞争者是谁，竞争者在不断增加和变化，它不再只是同行业者，而相关行业、新参与者、采购业者、代理商、顾客等都可能处于竞争关系，如铁道运输业的竞争对手包括汽车运输业和航空运输业等
本企业状况	利用过去实绩等资料来了解企业状况，并整理出其优势和劣势。战略实际上是一种企业用以取胜的计划，所以，企业界在制定战略时必须充分发挥本企业的优势，尽量避开其劣势

在分析制定市场营销战略的内外环境时，可以运用一种简便易行的"SWOT"分析法。"S"指企业内部的能力（Strengths），"W"指企业的薄弱点（Weaknesses），"O"表示来自企业外部的机会（Opportunities），"T"表示企业面临的威胁（Threats）。一般说来，分析企业的内外部状况无非是这几个方面。表5-2提出了一个运用"SWOT"方法的参考，表中列出的是与企业战略性营销相关的主要因素。其中，S和W两项是针对企业内部因素的分析，O和T两项是针对企业外部因素的分析。

表5-2　　　　　　　　　　"SWOT"分析法

事项	含义
企业内部的能力（S）	企业独有的能力；充足的资金来源；纯熟的竞争技巧；购买者对产品的优质有深刻的印象；市场领导者的承认；达到规模经济；与强大的竞争压力隔绝（至少是稍微）；技术方面的专利；成本方面的优势；竞争方面的优势；产品创新能力；经过检验的管理；其他

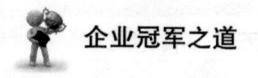

续 表

事项	含义
企业的薄弱点（W）	没有明确的战略方向；每况愈下的竞争地位；过时的销售促进方法；由于某种原因利润在正常量以下；管理深度和才能的缺乏；关键性技术和能力的丧失；与战略相关的不良的经营记录；内部经营问题的困扰；面对竞争压力的脆弱性；过于狭窄的产品线；企业产品或服务对消费者印象较浅；竞争方面居劣势；低于市场水平的营销技巧；没能力根据战略的变化筹措资金；其他
企业外部的机会（O）	向新增的消费者群的服务；进入新的市场或新的细分市场；扩充产品线以满足重大范围消费者的需求；相关产品的多样化；增添产品的附加部分；产品垂直一体化；转向更优战略的能力；高市场销售增长；其他
企业面临的威胁（T）	新的竞争对手可能进入；替代性产品销售增长；不利于企业发展的政府政策；日益增长的竞争压力；顾客及供应商讨价还价能力的增强；顾客需要与爱好（口味）方面的变化；于企业不利的人口因素的变化；缓慢的市场销售增长；其他

进行"SWOT"分析，至少应包括企业内部的能力、企业的薄弱点、企业外部的机会、企业面临的威胁这4组因素。那些具有战略意义的企业能力因素比起其他因素显得更重要。运用"SWOT"方法，不仅可以分析本企业的实力和弱点，还可以分析主要竞争对手。通过企业与竞争对手在人力、物力、财力以及管理能力等方面的比较，列出企业的实力、弱点的对照表，结合机会、威胁的分析，最后确定企业的战略。

制定市场营销战略的程序包括以下内容：

一是细分市场。市场不是单一、拥有同质需求的顾客，而是多样、异质的团体，所以市场细分能发现新的市场机会，也能更好地满足市场需求；既能更充分地发挥企业优势、又能为企业选定目标市场提供条件、奠

第五章 营销进化

定基础。市场细分要按照一定的标准（人口、地理、心理、购买行为等因素）进行，细分后的市场还要按一定的原则（如可测定性、可接近性、可赢利性等）来检测是否有效。市场细分的好坏将决定市场营销战略的命运。

二是选定目标市场。目标市场的选定和市场营销的组合是市场营销战略的两个相互联系的核心部分。选定目标市场就是在上述细分的市场中决定企业要进入的市场，回答顾客是谁、产品向谁诉求的问题。即使是一个规模巨大的企业也难以满足所有的市场。但我国不少企业恨不得一口吞下所有的市场，结果适得其反。特别是保健品，有的功效多达十几种，几乎能包治百病，适合任何人群。另外，有的企业不知道自己的产品是什么，向消费者诉求什么，如新上市的一种酱油，据该企业介绍，它既是酱油，又可顶替味精，还是一种保健品，具有保健功能。这究竟是什么，也许谁都会感到疑惑不解。总之，企业必须有明确的目标市场；对于一种产品必须有明确的诉求，有明确的消费群体；要抓住主要矛盾，突出重点，既不要向谁都诉求，也不要什么都诉求。

三是市场营销组合。目标市场一旦明确，就要考虑如何进入该市场，并满足其市场需求的问题，那就是有机地组合产品、价格、渠道、促销等组合因素，但千万不要是几种组合因素的简单相加。企业在进行营销组合时必须考虑以下几点：第一，要通过调查国内优秀企业来了解它们一般进行的营销组合；第二，突出与竞争企业有差异的独特之处，充分发挥本企业优势的有利性；第三，营销组合是企业可以控制的，企业可以通过控制各组合来控制整个营销组合；第四，营销组合是一个系统工程，由多层分系统构成，营销组合因素必须相互协调，根据不同的产品，制定不同的价格，选择不同的渠道，采取不同的促销手段。

四是实施计划。战略制定好后要有组织、有计划、有步骤地实施。具

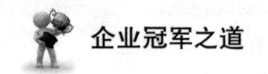

体内容包括组织及人员配置、运作方式、步骤及日程、费用预算等。

一个有效的企业战略营销规划可以帮助企业达成下列目标：引导企业的努力方向，使企业从大政方针到具体的营销决策过程中，都能更好地理解市场营销的研究维度、消费者分析、产品、分销、促销、价格等计划；确保企业各个部门都有明确的目标，并与整个企业的目标相一致；鼓励不同的职能部门和业务单位进行协同努力，并拥有一套评估绩效的程序；促使企业评估自己的优势和劣势，考虑环境中的机遇与威胁；概括企业能采取的其他行动或联合组合，并确定分配资源的基础。

2. 从营销1.0到营销3.0

进化的本质是"适者生存"，说残酷一点，是"弱肉强食"的丛林规则。企业需要不断"进化"才能生存。比如，人们一想到饮料就想到可口可乐，而且无论身在何处，可口可乐都能唾手可得。这些都是企业的营销升级的结果。纵观企业营销发展史，我们不难看出其清晰的进化历程，这就是从营销1.0到营销3.0。

营销1.0就是工业化时代以产品为中心的营销，营销1.0始于工业革命时期的生产技术开发。其目的是销售产品，"把工厂生产的产品全部卖给有支付能力的人"。

在营销1.0时代的企业眼中，市场仅仅是一群具有生理需求的大众买方。为了满足大众市场需求，企业尽可能地扩大规模、标准化产品，不断降低成本以形成低价格来吸引顾客。最典型的例子莫过于当年只有一种颜色的福特T型车。

"现代营销学之父"菲利普·科特勒认为，即使到了21世纪的当下，营销1.0也并未绝迹，很多中国企业仍在使用。尽管很多消费者已经变得"像猫一样难以伺候"，但由于中国的市场生态与西方国家相比存在一定的

第五章　营销进化

滞后性和复杂性，一些企业把消费者当作猎物，以"机枪扫射的方式"从事营销也获得了成功。

营销2.0是以消费者为导向的营销，是由信息技术和互联网催生的。20世纪70年代，西方发达国家信息技术的逐步普及使产品和服务信息更易为消费者所获得，市场权利经由生产商转向渠道商再转到消费者手上。营销2.0的目标是满足并维护消费者，这个时代里，企业眼中的市场已经变成有思想和选择能力的聪明消费者。

尽管以消费者为中心，2.0时代的营销仍然是把消费者当作可以诱惑的对象，而不是和消费者真正打成一片。

营销3.0就是合作性、文化性和精神性的营销，也是价值驱动的营销。其目标是让世界变得更好，这个时代下市场已经成为具有独立思想、心灵和精神的完整个体。

营销3.0兴起于2010年前后。在当时，全球社会正经历着深刻的社交网络化，随着网民互动的深入，意味着消费者权利得到了空前的增长。消费者变得越来越不信任由生产商、渠道商、传统媒体所构建的垂直信息渠道，他们更愿意相信水平的信息渠道，即来自陌生网友的口碑传播。

营销3.0不仅仅要将品牌独特化，还要道德化，它是意义的营销，这些意义需要以战略的高度整合到"使命、愿景和价值观"中去，归根结底就是"得道多助，失道寡助"。围绕这个基本观点，科特勒提出，要向消费者营销企业的使命，即企业要开展不同寻常的业务，并以讲故事的方式告知消费者品牌的正确使命；要向员工营销企业价值观。

"新浪潮科技"是促进营销3.0诞生的主要动力。新浪潮科技指的是能够帮助个体和群体保持互联互动的科技，它包括三个主要组成部分：廉价的电脑和手机、低成本的互联网接入以及开源性软件。新浪潮科技使得人们从被动的消费者变成了生产型消费者。而推动新浪潮科技发展的力量

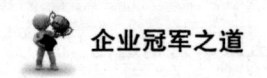

之一，就是社会化媒体的兴起。

合作营销是营销3.0的第一个组成部分，就是企业和所具有相似价值观和期望值的商业实体之间的密切合作。文化营销是营销3.0的第二个组成部分。践行营销3.0的企业必须了解与其业务相关的地区问题、社区问题。为消费者提供意义感将成为企业未来营销的价值主张，价值驱动型商业模式将成为营销3.0的制胜之道。和创造性人群一样，企业也必须超越自己的物质目标，以企业的自我实现为最终目的。企业必须了解自己的本质、为什么从事这个行业以及未来将何去何从，然后把这些问题的答案写进自己的企业使命、愿景和价值观。从企业角度，这就是精神营销，或者叫作人文精神营销，即营销3.0的第三个组成部分。

在营销3.0时代，企业的理想状态是能够从承担社会责任、善待自然环境中获益，这需要让股东以长远的目光看待问题。

进化论告诉我们，只有适应才能生存和发展，而要适应，就必须要根据环境和竞争状况进行自己的改变以及根据消费者心理和生活方式，进行品牌价值的发掘、呈现和传递。

3. 知识经济时代的市场营销战略

知识经济理论形成于20世纪80年代初期的美国。1983年，美国加州大学教授保罗·罗默提出了"新经济增长理论"，认为知识是一个重要的生产要素，它可以提高投资的收益。

知识经济的特点表现在：知识经济是促进人与自然协调、持续发展的经济，其指导思想是科学、合理、综合、高效地利用现有资源，同时开发尚未利用的资源来取代已经耗尽的稀缺自然资源；知识经济是以无形资产投入为主的经济，知识、智力、无形资产的投入起决定作用；知识经济是世界经济一体化条件下的经济，世界大市场是知识经济持续增长的主要因

第五章 营销进化

素之一；知识经济是以知识决策为导向的经济，科学决策的宏观调控作用在知识经济中有日渐增强的趋势。

根据知识经济的这些基本特征，市场营销的基本战略可归结为如下几条：

一是创新战略。创新是知识经济时代的灵魂。知识经济时代为企业创新提供了极好的外部环境。创新作为企业营销的基本战略，主要包括以下几个方面。如表5－3所示。

表5－3　　　　　　　　创新战略的组成部分

事项	含义
观念创新	知识经济对人类旧的传统观念是一种挑战，也对现代营销观念进行着挑战。为了适应新的经济时代，使创新战略卓有成效，必须树立新观念，即以观念创新为先导，带动其他各项创新齐头并进。首先要正确认识和理解知识的价值。知识不仅是企业不可缺少的资源，也是企业发展的真正动力源。同时，在市场经济条件下，知识本身又是商品，也具有价值。其次，要有强烈的创新意识，自觉地提高创新能力。不创新，只能是山穷水尽，走绝路；创新是提高企业市场营销竞争力的最根本、最有效的手段。营销创新不是企业个别人的个别行为，而是涉及企业全体员工的有组织的整体活动
组织创新	组织创新包括企业的组织形式、管理体制、机构设置、规章制度等广泛的内容，它是营销创新战略的保证。这方面要做的工作还十分艰巨，例如，组织形式上，许多企业还没有完成现代公司制的改造，旧的组织形式在某种程度上成为企业创新的羁绊。机构设置的不合理，分工过细，都不利于创新
技术创新	随着科技进步的加快，新技术不断涌现，技术的寿命期趋于缩短，技术创新是企业营销创新的核心。一般来说，大中型企业都要有自己的研究开发机构。要不断开发新技术，满足顾客的新需求，即使传统产品，也要增加其技术含量

续表

事项	含义
产品创新	技术创新最后要落实到产品创新上,所以产品创新是关键。由于技术创新频率加快,所以新产品的市场寿命期也越来越短
市场创新	市场是复杂多变的。消费者未满足的需求是客观存在的。营销者要善于捕捉市场机会,发现消费者新的需求,寻求最佳的目标市场。我国现在有许多企业不注重市场细分,看不到消费者需求的差异性,把全国各地都看成是自己的市场,因而在市场创新中缺乏针对性,导致营销效果和竞争力的降低。在市场创新中,要在科学的细分市场的基础上,从对消费者不同需求的差异中找出创新点,这是至关重要的

总之,在知识经济时代,创新战略是企业生存发展的生命线。观念创新是先导,组织创新是保证,技术创新是核心,产品创新是关键,市场创新是归宿。

二是人才战略。创新是知识经济时代的灵魂和核心。但高素质的人才才能创新。知识经济时代的竞争,其实质是人与人,人的群体与个人高科技知识、智力、智能的竞争;是人的创新能力、应变能力、管理能力与技巧的综合素质的竞争。人才战略主要包括以下几个方面。如表5-4所示。

表5-4　　　　　　　　　　人才战略的组成部分

事项	含义
人本智源观念	营销者要牢固树立人才本位思想。知识经济时代,知识和能力是主要资源。知识和能力的生命载体是人。有人才,就能发财。方正集团10年间资产增长7000倍。集团的负责人王选说,他们靠的就是解决"才和财"的关系。他们是用才发财,发了财,增长知识再发财。他们把学者的学术抱负和利润追求结合起来,形成了才和财的良性循环,这是一种真正的知识产业、高技术产业

第五章 营销进化

续 表

事项	含义
终身学习观念	由于知识更新节奏的加快,一个大专毕业生工作5年后,将有50%~60%的知识被更新掉。对于个人来说,要树立终身学习观念;对企业来说,要树立全员培训观念

三是文化战略。企业文化包括企业经营观念、企业精神、价值观念、行为准则、道德规范、企业形象以及全体员工对企业的责任感、荣誉感等。它不仅是提高企业凝聚力的重要手段,同时,它又以企业精神为核心,把企业成员的思想和行为引导到企业确定的发展目标上来,通过对企业所形成的价值观念、行为准则、道德规范等,以文字或社会心理方式对企业成员的思想、行为施加影响、控制。价值观是企业文化的基石。许多企业的成功,是由于全体员工能够接受并执行组织的价值观。

知识经济时代企业文化战略的特殊重要性,主要在于知识经济时代所依赖的知识和智慧不同于传统经济所依赖的土地、劳动力与资本等资源,它是深埋在人们头脑中的资源。知识和智慧的分享是无法捉摸的活动,上级无法监督,也无法强制,只有员工自愿并采取合作态度,他们才会贡献智慧和知识。

四是形象战略。在信息爆炸的知识经济时代,产品广告、销售信息等很难引起消费者注意和识别,更谈不到留下什么深刻印象。在此情形下,企业间竞争必然集中到形象竞争上。形象竞争,企业现在已经在应用,但很多企业并没有足够地重视。在知识经济时代,广告宣传也随之进入"印象时代",企业用各种广告宣传和促销手段,不断提高企业声誉,创立名牌产品,使消费者根据企业的"名声"和"印象"选购产品。正如广告专家大卫奥格威所说:"广告是对品牌印象的长期投资。"

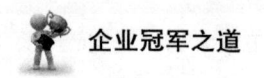

4. 数据营销：未来营销的发展趋势

互联网 PC（个人计算机）端时代的疲软，导致移动互联网、智能设备软硬件功能的不断完善，因而用户的使用习惯也发生不断的变化，其行为模式从传统的 PC 端逐渐演变成"PC + 移动"端的并行模式，跨屏时代正式到来。因此数据营销的作用也被挖掘起来，但是对于数据营销或多或少有很多人都不是很清楚，到底什么是数据营销呢？数据营销其中体现的价值是什么？

微信时代的到来，诞生出了无数"微信营销大师"，到处招摇撞骗，从而导致朋友圈营销广告的泛滥。但是也还是有很多人从微信营销中品尝出了不同的味道，如鬼脚七、罗辑思维等。如何在微信营销中发现用户行为？如何针对用户行为进行营销？又如何在泛人群中有针对性地找到潜在人群？或许你不知道怎么去做，但是最后归根结底还是数据营销的作用，因此，你可以不用知道什么是数据营销，但是你不能否定未来营销的发展趋势，必然是数据营销。

为什么数据营销是未来营销的发展趋势？因为数据营销在企业营销过程中越来越发挥出重要作用，并预示着企业营销的未来走向。具体体现在以下几个方面。如表 5-5 所示。

表 5-5　　　　数据营销成为未来营销发展趋势的原因

原因	含义
任何营销行为都离不开数据营销	数据的流程化使得我们的营销方式和目标非常明确，从而变得可追踪、量化。也就说明通过数据营销让企业的营销方式变成闭环，即"消费—数据—营销—效果—消费"。其价值可表现为品牌、效果营销。但是如何提升并优化品牌曝光度，这是品牌发展的根本与核心。这里所说的品牌曝光度不仅仅是传统品牌营销所说的知名度，更多的是品牌跟消费为一体的生态链，从而实现品牌的商业化目标，进行潜在人群消费的导流

第五章 营销进化

续 表

原因	含义
社交营销的价值让数据营销变得可量化	任何企业或者个人可以通过大数据抓取用户行为习惯，从而让社交营销的价值呈几何值倍增，而数据营销在其中不仅仅起到一个连接社交和用户行为的平台作用，还能精准抓取用户在社交过程中所反映出来的趋势，并且能通过数据整理、精练后对这些用户进行精准营销，进而完成了社交营销中最为基础的环节。其中，任何一个企业在研发新产品过程中，完全可以利用数据来整理用户的需求、用户使用习惯、用户消费习惯，利用粉丝来完善新产品的开发，这也是小米雷军所说的"粉丝营销"
广告投放变得可精准化	传统广告的投放是利用广撒网模式，白白浪费了金钱不说，其营销效果也达不到具体的要求。因此我们在面对互联网媒体资源在数量、种类上的多样化，广告主的需求也发生了变化，从广撒网模式变成追踪投放效果的重要性。那么数据营销可以通过用户需求分析，帮助广告主找出目标用户，然后再对广告投放的内容、时间、形式等进行预判和调配，进而完成整个广告投放过程，最后再进行效果的追踪和完善
数据营销将会促进线上线下营销更精准化	目前数据挖掘更多体现在线上数据的分析和挖掘，而线下的数据分析和挖掘并没有体现出来。有人说线下根本没有数据挖掘可言，如果你这么去想，那么就大错特错了。数据营销源自中国台湾一个卖大米的企业家，具体你可以百度看看。因此，未来的关键就在于如何实现线上、线下的数据挖掘并行与数据打通。一旦线上线下的数据结合之后再和第三步的广告数据进行结合，那么数据营销将会变得更加精准化。目前企业比较困惑的并非是数据的缺少，而是数据呈现碎片化，比如线上线下的数据各自为政。因此，面临这些碎片化的数据如何进行打通是企业面临最大的挑战，而未来把这些数据进行打通，才能实现最大化的数据价值，为企业后期的精准营销提供数据支持
数据营销价值是实现精准转化的基础	数据营销以DMP（数据管理平台）为核心，体现在CMO（首席营销官）辅助决策系统、CRM（客户关系管理）系统、内容管理系统、User（用户）互动系统、效果优化系统、客户服务系统、在线支付管理系统等几个方面。主要从决策层、分析层、执行层三个方面来完成整个数据营销、服务、销售、售后的管理流程。在荧屏时代，企业营销的核心是品牌形象的传播和植入。在PC时代，其核心是购买。而在移动互联网时代，其核心是如何实现用户个性化互动。这里的互动具体是指对用户精准化传播内容，更加智能化的客服信息，不同的页面导向页面，而实现这些核心的基础就是数据的管理。总结就是数据营销价值就是实现精准转化的基础

续表

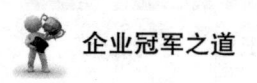

原因	含义
数据营销是对小而美的数据进行分析和应用	目前所有的数据营销基本上是所有企业在利用有限的数据资源进行整理和分析，如 Cookie（储存在用户本地终端上的数据）、用户属性的分析等，但将其放在互联网、移动互联网环境上只是与营销相关的数据之一。因为现如今产业链的特征，企业都会有自己独立的 DMP 系统，但做 DMP 第三方市场还没有一个通用型的 DMP 平台可以提供获取数据。因此所有的 DMP 本身是在应用数据，而并非是全网的大数据。另外，当今的所有的用户数据都来自 Cookie 或是 App（应用程序）使用行为等，如用户属性、购买行为等，因其数据本身的局限性再从数据本身的一个维度的扩张来看今天的数据也构不成大数据。因为数据营销还处在一个概念普及的阶段，所以数据未来的发展方向是指导整个营销行业趋势化或并不指导实际运用的作用和价值，而真正指导这个行业运用的还是以小而美的数据为主。这也是为什么如今独立的第三方 DMP 生存并不理想的主要原因。因此，任何的数据都可以帮助企业的品牌发现新的机遇，如市场、客户、发展规律、如何回避投资风险、如何发现潜在威胁等，同时也可以帮助企业进行品牌、销售的调整和优化，这其中就包括数据人才、数据模型、应变数据管理、客服系统、销售系统等组织职能的调整和优化

从上面 6 点可以看出数据营销在企业营销过程中的重要性，而未来的营销发展趋势也将是数据营销。如何在移动互联网时代抓住数据营销的尾巴，是每个企业现行必须想明白的事情。

营销的战术应用

营销战术是指企业在决定了目标市场、市场定位后，对企业可以控制的营销手段进行的组合或策划。营销战术是指市场定位的实现过程，即在做什么已经确定的情况下，决定如何做的问题。

第五章 营销进化

1. 市场营销战术策划

一般来说，营销策划与战争一样，分为战略策划与战术策划，长期的、广阔的、综合的、连续的称为战略，短期的、局部的、个别的、具体的称为战术。营销战术策划的主要内容就是 20 世纪 60 年代杰罗姆·麦卡锡提出的著名的 4PS 市场营销组合。产品（Product）、价格（Price）、渠道（Place）、促销（Promotion）4 个单词的第一个字母缩写为 4P。

战术性市场营销手段有两个重点：一是对各种市场营销手段能够根据市场定位战略的要求，形成浑然一体的市场营销组合；二是依据市场营销组合的要求，对各种市场营销手段进行分别策划，使它们能够适应目标市场及其需求的特点。如表 5-6 所示。

表 5-6　　　　　　　　　战术性市场营销手段

手段	实施细则
产品组合	主要包括产品的实体、服务、品牌、包装。它是指企业提供给目标市场的货物、服务的集合，包括产品的效用、质量、外观、式样、品牌、包装和规格，还包括服务和保证等因素。成功的产品策划往往能使一个企业起死回生。品牌策划在企业营销策划中有很重要的作用，它已成为市场营销的焦点和核心问题，也是市场营销策划的新亮点。品牌的设计策划应符合下列要求：申请注册，取得商标专用权；构思新颖、造型美观；简单醒目、易识易记；寓意深刻，或暗示产品效用，或反映企业与产品的个性和特征；符合消费者的风俗习惯和文化传统；等等
定价组合	主要包括基本价格、折扣价格、付款时间、借贷条件等。它是指企业出售产品所追求的经济回报。价格是市场营销组合中最重要的因素之一，是企业完成其市场营销目标的有效工具。企业能否正确地运用价格杠杆策划与实施有效的价格策略，关系到企业营销的成败及其经济效益

续 表

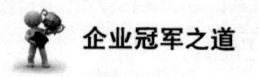

手段	实施细则
分销组合	主要包括分销渠道、储存设施、运输设施、存货控制。它代表企业为使其产品进入和达到目标市场所组织、实施的各种活动,包括途径、环节、场所、仓储和运输等。企业分销策划要根据自身的实力以及所处环境来决定。产品的进入期、渗透期和占有期有不同特点,企划策略也有所差别
促销组合	促销组合是指企业利用各种信息载体与目标市场进行沟通的传播活动,包括广告、人员推销、营业推广与公共关系等。促销策划一般要经过三个阶段:一是制定一个具体明确的促销活动纲要;二是确定促销活动形式;三是确定促销活动的具体行动计划

2. 营销战术选择原则

在确定市场营销目标之后,市场营销的下一步就是选择一个有竞争力的战术并将其发展成为一个战略。在选择战术时应记住以下几个原则。如表5-7所示。

表5-7　　　　　　　　　营销战术选择原则

原则	含义
防御原则	有以下三种选择:其一,只有市场上的领导企业才应该考虑处于守势,但是不要盲目认为自己是某一领域的领导企业。其二,最好的防御战略就是勇于攻击自己。攻击你自己也许会牺牲短期利润,但它能保证你的根本利益。它可以保护你的市场份额,因此,是任何营销战争中最基本的武器。其三,强有力的竞争运动总是应该被阻止的。如果一个企业没有好好地改变自己,往往还可以通过竞争来恢复阵地,但是一定要在进攻者立足未稳之前,迅速地展开活动

第五章　营销进化

续表

原则	含义
进攻原则	进攻战是为行业中的第二号或第三号的企业所准备的。这意味着一个企业足够强大，以致可以向领导企业发起一场持久的进攻战。有以下三种选择：其一，如果你的企业足够强大，那么你应该发动一场进攻战。其二，在对手的力量中寻找薄弱之处，并向它发起进攻。如果你向它的强项发起挑战，那么你可能永远也赢不了。其三，尽可能地在一条较窄的战线上发起攻击。最为可取的是在某一单一产品上发起进攻，全线进攻代价太大，只有领导企业才能承受得起，进攻战应该在一条较窄的战线上展开，尽可能地在单一的产品上进行
侧翼原则	其一，一场漂亮的侧翼战应是如入无人之境。市场营销侧翼战不一定要推出与众全然不同的新产品，但它必须有创新和独到之处。因此，潜在顾客一定会将其归入新产品系列。其二，战术奇袭应成为计划的重要因素。从实质上讲，侧翼战是一场奇袭战。突袭性越大，行业领导企业反击和收复失地所需要的时间就越长。其三，追求与进攻本身同等重要。在实现市场营销初期目标之后，你还应该继续努力
游击原则	其一，在市场上寻找一小块你足以防御的市场部分。这种"小"，可以是地理意义上的，也可以是数量意义上的，还可以是其他一些大企业难以进攻的方面。其二，不管你多么成功，但永远也不要像领导企业那样行事。对一个开展游击战的企业来说，它为其董事长订购第一辆凯迪拉克大型高级轿车的日子，也是这一企业将走下坡路的开始。其三，一旦被注意，就要准备着撤离。一个撤退了的企业还可以在某一天再次出现并展开战斗，开辟一些新的战场

事实上，选择营销战术不仅要遵循上述原则，还要讲究策略。在这方面，有人总结出适用中国的十大营销策略，不妨参考：

一是功效优先。国人购买动机中列于首位的是求实动机。营销要想取得成功，首要的是要有一个功效好的产品。因此，市场营销第一位的策略是功效优先策略，即要将产品的功效视为影响营销效果的第一因素，优先考虑产品的质量及功效优化。

二是价格适众。价格的定位，也是影响营销成败的重要因素。对于求实、求廉心理很重的中国消费者，价格高低直接影响着他们的购买行为。所谓适众，产品的价位要得到产品所定位的消费群体大众的认同；产品的价值要与同类型的众多产品的价位相当；确定销售价格后，所得利润率要与经营同类产品的众多经营者相当。

三是单一诉求。这个策略就是根据产品的功效特征，选准消费群体，准确地提出既能反映产品功效又能让消费者满意的诉求点。

四是品牌提升。所谓品牌提升策略，就是改善和提高影响品牌的各项要素，通过各种形式的宣传，提高品牌知名度和美誉度的策略。提升品牌，既要求量，同时更要求质。求量，即不断地扩大知名度；求质，即不断地提高美誉度。

五是刺激源头。所谓刺激源头策略，就是将消费者视为营销的源头，通过营销活动，不断地刺激消费者的购买需求及欲望，实现最大限度地服务消费者的策略。

六是现身说法。现身说法策略就是用真实的人使用某种产品产生良好效果的事实作为案例，通过宣传手段向其他消费者进行传播，达到刺激消费者购买欲望的策略。现身说法策略的形式有小报、宣销活动、案例电视专题等。

七是媒体组合。媒体组合策略就是将宣传品牌的各类广告媒体按适当的比例合理地组合使用，刺激消费者购买欲望，树立和提升品牌形象。

八是终端包装。就是根据产品的性能、功效，在直接同消费者进行交易的场所进行各种形式的宣传。终端包装的主要形式：其一，在终端张贴介绍产品或品牌的宣传画；其二，在终端拉起宣传产品功效的横幅；其三，在终端悬挂印有品牌标记的店面牌或门前灯箱、广告牌等；其四，对终端营业员进行情感沟通，影响营业员，提高营业员对产品的宣传介绍推荐程度。调查显示，20%的保健品购买者要征求营业员的意见。

第五章　营销进化

九是网络组织。组织起适度规模而且稳定的营销队伍，最好的办法就是建立营销网络组织。网络组织策略，就是根据营销的区域范围，建立起稳定有序的相互支持协调的各级营销组织。

十是动态营销。所谓动态营销策略，就是要根据市场中各种要素的变化，不断地调整营销思路，改进营销措施，使营销活动动态地适应市场变化。动态营销策略的核心是掌握市场中各种因素的变化，而要掌握各种因素的变化就要进行调研。

3. 中小企业营销突围战术

中小企业如何实现营销突围，这是当下被人们广泛关注的问题。中小企业的生存环境一直很差，运营艰难。在此种大背景之下，中小企业的首要战略就是活下去，不死才是硬道理。而要应对这一类难题，谋求发展则要靠营销突围创造中小企业的市场机会，同时建立营销壁垒，切实把消费者当作一个完整的"人"来看待。

市场作为一个复杂的综合体，每一个消费者都有着不同的需求，而这些需求之间也是相互关联的。如果能围绕企业的核心竞争力向消费者相互关联的需求突围，往往有好的市场收获。现在很多企业在营销上都存在困惑：随着各个市场日益饱和，企业要想往前走一步都很艰难，新行业的崛起周期也变得越来越短，每种商业模式和营销手段都可能被瞬间复制。于是，保持核心优势的突围便能收到起死回生的特效。

一是向新的品牌突围，即往新的品牌领域突围，让产品成为消费者头脑中能够记住的品牌。营销突围的方法是打破格局，重新在消费者头脑中排队。要实现这样的目标，企业就不能再在现有行业中找出路，而应该在保持核心优势的基础上，往新的领域突围。只有跳出原行业，产品形态变了，产品的品类变了，竞争也就可能不那么激烈了，这样才能拓展出一片

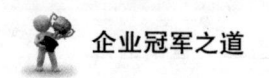

全新的市场空间。

二是向更高层心理需求突围。市场竞争越来越白热化，每个行业都很容易陷入产品同质化的竞争，寻找差异化变得越来越难。同一种产品要是还从功能入手，虽然有机会，但仍比较困难。因为在消费者眼里，同一种产品的功能是大致相同的，尽管厂商们能说出各种各样的区别来。但是，如果跳出产品本身来思考，每个人都有不同层次的心理需求。相对于那些心理上的愉悦和满足，消费者对于功能的需求还是最原始的。消费者消费一个产品都有其更高的终极目标，如果抓住了高层的心理需求，就可以赋予一个产品更多的附加价值。消费者通过心理依赖产生的情感是很难估价的，从而让企业可以避开功能战、价格战。因此，创造新的产品价值是企业营销赢得突围的重要策略。

三是移花接木突围。当现有的产品领域里难有突破时，我们可以选择将眼光放在特定消费群体的多元化需求上，通过移花接木的策略让产品获得更多市场空间。只有这样，才能让突围变得更有营销爆发力，突围通过移花接木，营销领域想象空间依然很大。

四是延伸产品价值突围。企业要获得高额利润，必须在附加价值上下功夫，因为附加价值会让消费者重新估价。在产品开发中融入一些新的延伸价值、附加价值，可以起到意想不到的效果，而这样也可以让企业脱离现有的激烈竞争，从而找到新的市场。

突围也是一种创新，是一个企业持续发展的关键。持续成功的突围能不断引爆市场焦点，最终让创新成为企业的一个鲜明符号。在危机四伏的形势下，变危机为机遇，靠的是营销突围。一个企业要想在行业中领先，创新永远是第一位的，而营销突围永远是必要的。在市场竞争和消费者的生活场景中，还有非常多的突围机会。如何将突围做到极致，才是考验一个企业是否能创造市场奇迹的关键点。

第五章 营销进化

营销的资源管控

营销资源管理绝不是一个简单的营销创新的过程，而是一个系统性的管理过程。这种系统性的管理更多地体现在是否采用更科学、更合理的管理体系来帮助提升资源的利用率，让投入产出更高效。为此，企业需要建立起全员营销机制，打造高绩效的"赢"销团队，并运用科学方法对营销资源进行优化配置。这是对营销资源实施管控的 3 个重要途径，同样也是最有效的方式。

1. 全员营销机制

全员营销是一种以市场为中心，整合企业资源和手段的科学管理理念，很多大中小企业采用后取得了不凡的成效。全员营销的理念是人人营销，事事营销，时时营销，处处营销，内部营销，外部营销。全员营销即指企业所有员工对企业的产品、价格、渠道、促销（4P）和需求、成本、便利、服务（4C）等可控因素进行互相配合、最佳组合，以满足顾客的各项需求（即指营销手段的整合性）；同时全体员工应以营销部门为核心，研发、生产、财务、行政、物流等各部门统一以市场为中心，以顾客为导向，进行营销管理（营销主体的整合性）。

全员营销对于大企业和小企业都是适用的，操作简单，但关键是能否坚持下去。全员营销的开展是由被动到主动、由不自觉到自觉的一个过程，企业要"严抓不懈"，不要流于形式，否则，全员营销只会是个口号。

当全部员工的认识达到高度统一时，也是全员营销的最高境界。比如，海尔认为：企业有内外部两个市场，内部市场就是怎样满足员工的需求，提高他们的积极性，外部市场就是怎样满足用户的需求。在海尔内部，"下道工序就是用户"，每个人都有自己的市场，都有一个需要对自己的市场负责的主体。在这种机制下，海尔内部涌现出很多"经营自我"的岗位老板，他们像经营自己的店铺一样经营自己的岗位，在节能降耗、改进质量等方面做出了卓越贡献。

全员营销首先是"营销手段的整合性"管理，全体员工对4P、4C等因素的理念理解及行为配合。对产品的理念理解，应该清楚产品的市场需求、开发背景、产品质量等，因为这样我们的全体员工才能对我们的产品有极强的关注心，才能有助于将理念转变为行为方式的整合，才能形成企业全员对产品的宣传与推动作用；对价格的理念理解，应该清楚产品的目标定位，它吸引的是哪类或哪几类消费群体，这样的消费群体消费实力如何，易于接受多少的价格空间及指数，这样能让全体员工关注产品的生产成本、利润空间，极大地将"企业是制造利润的机器"这一理念变为全体员工的行为方式，全体员工会切实推行如何降低成本、提高销量的具体举措；对渠道的理念理解应该是根据目标定位选择适合产品销售的渠道，以便于最大限度地为消费者提供购买的便利性，这样的理念理解能最大化地调动全体员工的积极性，为消费者提供足够的便利性以致产生更高的销售量；对促销的理念理解是采取促进销售的各种手段调动一切能量资源推动终端销售额的提高，应该以"服务"为中心，以服务推动终端消费者的消费附加值，这样能最大化地吸引消费者以便提高销售量。

全员营销其次是"营销主体的整合性"管理。其一，主体部门必须以"营销部门"为核心（以"市场"为核心）开展工作，任何其他部门的工作都要服务于"营销部门"的工作；其二，非营销部门的工作应以"营销

第五章 营销进化

的观念"来规划本部门的资源,以使最大化地服务于部门职责,以推动企业的"整体营销"利益;其三,非营销部门也应该向营销部门学习,将本部门的工作以营销观念来规划,以营销的市场竞争观念来开展工作,这样能最大化地提高工作效率;其四,非营销部门员工(特别是中小企业)应该在单位面积时间里开展"营销活动"的实践,这样能有效地让同事理解营销的观念与方法;其五,通过进行"市场危机"教育,部门员工能有效地理解市场部门的困难度及重要性,同时能有效地将"部门主体"及"企业员工主体"进行有效整合以推动营销工作的开展。企业内部全员营销不仅是一种产品或者品牌推荐的行为,更为可能发展到品牌维护与管理的效应上。比如,当企业品牌受到攻击或者损害的时候,他会以一位企业内部员工的身份发表自己的看法并且尽可能维护自己的企业。其实这样的公关功效在超市行业表现得尤为突出,员工的一颦一笑都是在替企业实施公关,因为他们的行为就是代表了超市或者商场的形象,他们与消费者的沟通语言,都是对企业的一种品牌阐释或者表达。

要做好全员营销,建议企业要做好以下几方面。如表5-8所示。

表5-8　　　　　　　　全员营销的工作内容

事项	内容
树立全员营销观念	全员营销观念很重要,各司要从观念上使员工建立起来。要在平时的例会当中不断地宣贯,让员工从心理到实际行动都要全员营销。比如,对于旅游行业来说,旅行社的内务人员也可以建博客,宣传自家旅行社的线路和花絮照片,不需要学习很多的旅游专业知识,但是如果将每篇博客文章和图片都绑定企业网站的链接,坚持下来也会有不小的收获
规范、充实全员营销项目	全员营销的内容,刚开始可能只是个概念,没有多少实质的内容,但在观念建立起来后,全员营销的内容将会不断地被充实和完善,电话接线员做的是电话营销,服务员做的是服务营销,网络维护员做的是网络营销,最终使企业成为一个有强大战斗力的营销整体

续 表

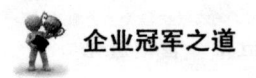

事项	内容
提升员工专业程度	做任何工作,首先你得做成专才,然后才有可能取得成功。对于参与全员营销的所有员工来说,也需要做成专才,才会在这样一个营销会战中取得成功。作为企业员工,需要掌握的专业知识包括以下两个方面:首先就是产品方面,这个方面无论是业务部门员工还是其他部门的员工,都是必须要牢固掌握的;其次竞品的优缺点等相关信息
完善激励机制	激励机制应该有奖有罚,全面促进全员营销的落实。良好的激励机制和措施是全员营销的重要推力和决定因素,很多企业在推动全员营销时,往往感觉推动乏力或是缺乏效果,这其实除了领导层的重视程度和员工执行力等因素外,最重要的就是激励机制的不完善和落实不到位。比如说,酒店就可以建立员工积分奖励制,对服务表现好的员工奖励积分,积累到一定的积分可以兑换礼品或酒店消费券;公开表扬员工,每月评选优秀服务明星;等等

总之,全员营销的管理理念不仅提升了企业的经营管理水平,使得所有员工关注或参加企业的整个营销活动的分析、规划和控制,尽量使顾客满意度最大化,使企业从中获得市场竞争力。不夸张地说,如果一个企业能够正确地实施全员营销,那么这个企业的经营管理水平已经超过 80 分了。希望我们的企业管理者重视全员营销,做好全员营销。

2. 高绩效的"赢"销团队

在当今激烈的商战中,营销人员好比是"士兵",直接影响到企业的安危。如何建立最佳的营销渠道模式、如何确定不同市场阶段的团队能力及考核、如何把握团队的发展阶段,以及如何管理等问题,影响着营销团队进一步拓展目标市场。而如何打造高绩效的"赢"销团队则是解决这些问题、为企业创造更高利益的有效方法。

第五章 营销进化

首先，不同渠道模式需要销售团队具备不同的能力。营销的起点和终点是根据客户的需求而定的，因此渠道的不同阶段我们需要销售团队的类型是不同的。我们先来看一个渠道建设模型。如图 5-1 所示。

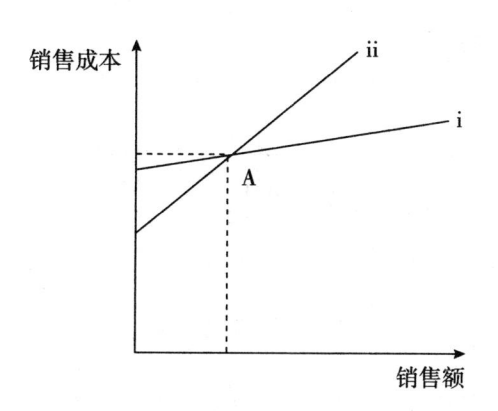

图 5-1　渠道建设模型

直线 i 代表了厂家自己建设渠道，前期投入成本高，但销售成本随着销售额的增加增幅不大；直线 ii 代表了厂家利用渠道代理制度，前期投入成本少，但销售成本随着销售额的增加增幅很大。A 点为渠道选择的平衡点，因此，很多厂家在推出新产品初期，利用了代理商制度，当到达平衡点时采用自建渠道的分公司制（或分公司、代理相并存的模式）。无论采用哪种方式，所需要的销售团队具备的能力是不同的，代理商制只需要把产品销售出去，把款收回来，并做好客情关系；分公司制不但需要销售产品、回款、客情维护，同时还需要具备财务管理、物流、人事管理等能力。因此，不同的渠道建设，需要的团队类型及能力有着本质上的区别。建设高绩效的销售团队，首先需要认清不同渠道的销售团队需要具备什么能力。

其次，不同市场阶段需要不同类型的销售团队，考核的重点也不同。我们以一个客户细分的攻守模型为例做进一步的分析。如图 5-2 所示。

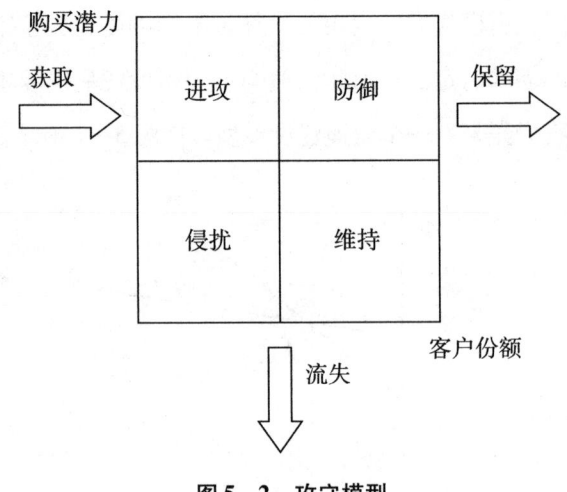

```
购买潜力
获取 →  | 进攻 | 防御 | → 保留
        | 侵扰 | 维持 |
              ↓
            流失        客户份额
```

图 5-2 攻守模型

在客户细分的攻守模型中，当某个客户的购买潜力巨大，但是我们的产品占该客户采购份额很少时，我们采用的是"进攻型"策略，因此，在这个阶段，我们需要的是机灵、勇于进取、不怕挫折、有血性的"李云龙"类型的销售团队，我们称之为"猎户型"销售团队。在这个阶段，需要考核的重点是销售额的增加，注重考核新客户的获取。当我们的产品占该客户采购份额超过50%时，将进入防御阶段，在防御阶段，我们需要的是善于做客情关系、注重销售过程的"赵刚"类型的销售团队，我们称之为"农夫型"销售团队。在这个阶段，需要考核的重点是利润的增长、应收账款等，注重客户的满意度。

最后，不同发展阶段需要不同类型的销售团队。销售团队的发展从形成到最后的瓦解，都有一定的规律，正确地认识销售团队处于哪个阶段，对于销售团队的管理十分必要。如图5-3所示。

销售团队的发展过程与一般事物的发展过程不同，一般事物都是先震荡后规范，而销售团队是先规范后震荡。在某新产品开发市场的过程中，一般都是先建立各类市场支持政策、考核机制、管理制度等，对整个销售

第五章 营销进化

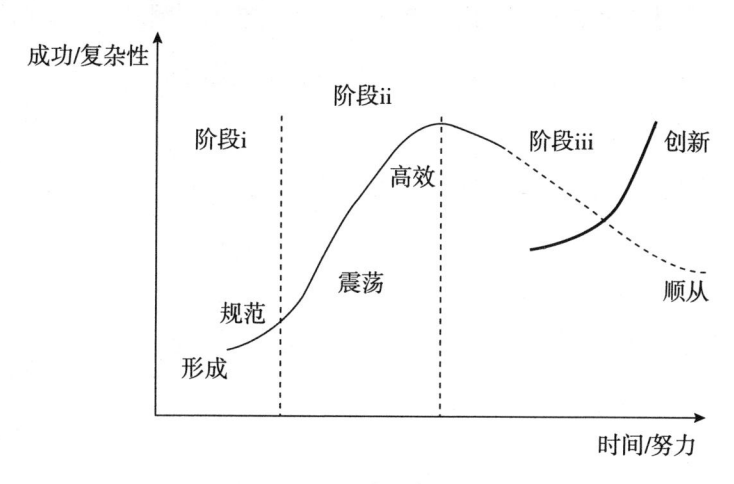

图 5-3 销售团队发展曲线

过程进行规范化的管理。但情况往往是，在开发市场前制定的各类规范措施会不适应新的环境变化，因此，在销售团队发展的阶段ⅰ中，是从形成走向规范，从规范走向调整，调整后又形成新的规范的一个过程。在这个过程中，需要以任务导向型销售团队为主，以任务为导向，改变流程，能有效地度过团队发展的最初阶段。

经过阶段ⅰ的调整后，进入到阶段ⅱ的过程中，会经历一段时间的震荡期。阶段ⅰ的调整必会引起团队内部冲突，能否化解销售团队的冲突是整个团队走向高效的前提。有效的销售管理者在这个阶段的表现十分重要，将对人的冲突转化为对事的冲突，是有效管理者必须具备的技能。对事的冲突往往会使企业产生新的变革，是企业走向高效的最大推力。在销售团队发展阶段ⅱ中，我们需要的是关系型销售团队。

当销售团队从阶段ⅱ走向阶段ⅲ的过程中，是企业从高效走向顺从的阶段，在这个阶段中以任务导向型团队为主要力量，同时，作为职业经理人的销售管理者如果需要自保，必须要引出一条创新曲线，使企业从高效继续走向高效。

综上所述，我们可以得出一个结论：根据市场、团队的不同阶段，我们需要培养不同的销售队伍。对此，作为营销管理者，需要具备管理者思维与管理者技能。

时代在变，科技在变。作为销售管理者，也需做到转变思想，改变思维方式，打造"全脑优势图"，跟上互联网时代的变化。这个"全脑优势图"包括团队管理者主要面临的提高下属能力、管理冲突、辅导下属、调动下属积极性、与下属沟通等问题及解决方案。表5-9就是对这个"全脑优势图"中各项内容的解读。

表5-9　　　　　　　　"全脑优势图"内容的解读

内容	解读
提高下属能力	管理者面对下属业绩不好时，要采取整合资源、辅导（在你辅导不了的时候可借助外力）、减压（原来要求100分的，现在可80分，但不可以一上来就减压，这样易造成坏习惯）、换岗（销售能力不行，但为人很好，可换到其他岗位）、换人（这就要求管理者要做到冷酷，不能心软）这5个步骤。有了这些管理方法，可以很好地做出选择
管理冲突	营销团队管理者要做到三"善"：善于梳理上下级关系；善于化解本部门和其他部门的矛盾；善于调节企业内部与外部的客户关系。作为销售管理者，随机应变是最基本的责任。懂得了善的意义，再以坚守企业原则为前提，这道题也就好做了。这些冲突管理策略可以成功解决人际关系冲突
辅导下属	作为营销团队管理者，要是没有真本事辅导员工，或不能给员工一些建议和指导，员工心中不可能真正认可他。辅导下属要主动，出现问题及时与下属沟通，了解问题；辅导包括积极的引导（该做什么）和消极的规范（不该做什么）；辅导要按"日程表"有计划地进行；辅导可以随时、随地、随人、随事地进行

第五章 营销进化

续表

内容	解读
调动下属积极性	人,其实是营销的关键因素,同时也是最难弄的成分,如何调动职员的积极性,就要衡量职员的向心力。若想调动下属积极性,就需了解下属消极的原因,有针对性地采取应对下属情绪的激励方式,并做到有效授权。面对下属的不自信、抱怨,要及时找到消极点,并给予指正、肯定及鼓励
与下属沟通	在一个营销团队,沟通非常重要。成员之间如果沟通不好,往往会产生矛盾,形成内耗,影响企业的正常运转。从著名企业提高团队沟通技巧来看,一般采取讲故事、聊天、制订员工发展计划、越级报告、参与决策、培养自豪感、口头表扬等方法。这些都是值得团队管理者参照的有效方法

打造高绩效的营销团队是提升、考验销售经理的管理职责,而"全脑优势图"则是告诉你应如何转变,让弱势变为优势,成为职场中最具竞争优势的领导者,并帮助你改善团队合作,建立起心智多样化的"全脑队伍",还可帮助企业策略规划、创意思考、人才甄选等,使绩效管理获得提升。

3. 营销资源优化配置方法

营销资源,是指在市场营销中形成的为组织或个人占有的核心技术、经验积累、产品及个人声誉、客户关系、市场网络等资源。经济学中将营销资源定义为在一定的市场环境中,为发掘和说服消费者,并充分满足其需要,引导物品及劳务从生产者流通至消费者或使用者,并最终实现企业目标的企业活动而投入的资财消耗。

任何资源总是稀缺的,营销资源也不例外。企业要想在市场竞争中站稳脚跟,就必须投入一定的营销资源。但是,营销资源的投入回报率并不与其投入量成正比，如果一味地加大营销资源的投入量会造成事倍功半的效果，所以对营销资源进行管控是非常必要的。在这方面，对营销资源进行优化配置，是管控的最佳途径和方法。营销资源优化配置包括人力资源的优化、财力资源的优化及网络营销资源挖掘3个方面的内容。

(1) 人力资源的优化

人力资源是其他一切资源的载体，一切资源都通过人力资源的作用发挥最大效用。人力资源的优化是其他资源优化的前提条件。

一是优化营销队伍。第一，建立市场开发信息中心，通过增设国内外营销网点，建立高覆盖的信息网络体系。信息中心负责组织收集和处理各类及时获得的信息，分析未来市场的发展方向与走势，提出具有预见性的经营策略方案供领导决策。第二，可以向客户企业委派常驻代表，负责为该企业提供前期产品的售后服务，并肩负着了解并汇报该企业未来对产品需求状况的责任，做好公关工作，保持良好的伙伴关系，培养未来市场。第三，加强售后服务工作，扩充服务队伍，增设专职的用户走访人员，有计划地对重点客户、特殊用户等定期巡回走访，征求用户使用产品的意见及用户的新要求。第四，设专人对现有营销组织的框架结构进行经常性的深入研究，随市场变化进行动态调整，通过人力配置上的改善，使销售系统的组织结构更加完善与合理。

二是优化人员素质。第一，在营销研究部门安排有行业技术的领先人物。通过向国外或国内大专院校，定向培养高层次的专业技术人才和管理人才，使其成为企业的精华，为客户提供优质的培训服务和技术支持等售后服务内容。第二，对营销人员进行定期的岗位培训和考核，不断提高他们技术理论水平。第三，对营销部门的管理人员要分门别类地制订长远培养计划，通过岗位轮换制培养复合型人才，选择那些具有正直的品质、强烈的责任心、冒险精神和果断决策力的人任职。第四，对于营销部门的办公人员的数量一定要控制在最低水平，随时裁减冗员。

三是优化运行机制。第一,在人事方面,企业应精简管理机构,建立起高效精干的管理队伍,同时引入优胜劣汰、竞争上岗的用人机制。第二,在分配上,建立奖勤罚懒、奖优罚劣的激励机制。第三,与营销部门签订营销目标奖罚合同,承包责任到人,按销售额提取比例奖金,对工作效率高、销售额度高的要上不封顶,奖励兑现;对没完成基本销售指标的人员下岗待业,引入竞争机制。总之,新机制应是公平的,责、权、利明确,约束机制和激励机制并行,是充分灵活的机制,使人力资源得到充分利用。

(2) 财力资源的优化

财力资源的优化同样至关重要。企业制定的市场营销战略是营销费用投入控制的指南,只有两者相互一致才能实现企业的经营目标,这是优化的前提。财力资源的优化路径如表 5–10 所示。

表 5–10　　　　　　　　　　财力资源的优化路径

路径	实施细则
全盘预算营销费用,统一管理	营销费用包括人员推销费、广告宣传费、销售促进费、销售管理费、销售收入等。企业应以一定的时间周期(如一年)为达到的发展目标,在经营策略的指导下对营销费用的资源做整个企业范围内的统筹规划,制订出一定细度的全盘预算方案,用以指导各部门的日常营销活动。同时还要考虑市场的营销效率,因为企业的生产活动、采购活动都只有在营销活动实现了高效率之后才能谈到自身的高效率,才能使企业的各项活动有意义,而市场的营销效率可以用营销费用投入强度来衡量。要注重利用税收杠杆调节销售费用,提高资金的使用率,避免重复浪费
确定资本性支出	对于大额销售费用要列为资本性支出。比如,广告宣传费是企业长期投入的一项费用,会给企业带来潜在的收益,若将广告宣传费列为收益性支出,在当期收入中可以得到一次性的补偿,必然会削减本期利润,严重歪曲收入与费用配比性原则。另外,企业不应盲目追求广告效应,应视企业的能力而定,避免造成营销费用投入的无节制性和无计划性

续 表

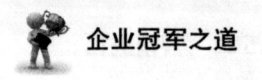

路径	实施细则
建立相关制度	建立费用使用政策和审核流程，定期对营销费用作审计和评估。审计是对具体费用申请和报销做真实性、合法性的评判，必要时雇用专门的市场巡查人员来监督费用具体使用的效果和呈报的真实性。评估是指对费用使用的效果做回顾和分析，总结各类费用的投入产出关系。这两种方式可以为企业建立起理性开销的观念，为费用预算和使用政策提供了有力的监控机制。此外，要建立销售管理费用的预提制度，比如售后服务费用按照会计核算中的配比性原则，应在销售产品的当期中扣除，而不应在发生期扣除，便于会计进行账务核算

总之，将营销费用预算合理化才能保证企业走向良性的发展轨道，对营销费用进行全局内的运筹帷幄，节约使用，才能降低企业的经营成本，使企业能够赚取最大的利润，获得竞争优势。

（3）网络营销资源挖掘

网络营销资源挖掘在当今时代尤其不可忽视。因为开展营销活动需要一定的资源投入，没有任何资源也就谈不上营销了，足够的资金可以换来所需要的各种营销资源。从某种意义上说，如果营销预算没有限制，也无须挖空心思去考虑什么营销方案了，但现实中更多的情况是营销预算非常有限，这时候就需要充分挖掘现有资源。相对于传统营销手段来说，网络营销的优势也在于可以在同样资金投入的情况下挖掘出更多的营销资源。

一是企业网站。从网络营销的角度来看，网站本身就是一个营销工具，企业网站最重要的功能就是信息发布，即使一个最简单的网站，也比印刷的宣传册可以提供的信息要多得多，并且可以不断更新，将最新信息向用户和潜在用户提供。当然，网站信息可以被用户看到的前提是拥有一定的访问量，否则再多的信息也是无效的，同时，网上发布什么信息、如何让信息为用户所了解，也需要有一定的专业水平。网络营销是长期的、

第五章　营销进化

细致的工作，临时抱佛脚是很难奏效的。现实情况是，很多企业网站建成之后似乎就大功告成，略好一点的也不过是发布一些企业动态而已，这实际上是网络营销资源的巨大浪费。

二是用户资料。它是一个网站最重要的价值所在，合理利用用户资料对于顾客关系、销售促进等方面具有至关重要的作用，但在这种资源应用方面，即使大型企业也往往很欠缺，一些小型企业网站由于认识和资金投入的限制，在网站功能方面都存在一定的缺陷，通常又没有专业的网络营销人员，结果浪费了大量网络营销资源。

三是合作伙伴。如果在一个企业的宣传材料上印上另外一个企业的介绍，这种情况一定让人觉得难以接受，但在网络营销中，情况就有很大的不同。企业网站的一项功能就是"网站合作"，与其他合作伙伴、供应商、分销商之间可以开展多方面的合作。"友情链接"和"交换广告"就是最基本的合作形式，当然还可以进行深度合作，开展交叉网络营销。利用合作伙伴的资源，属于一种外部资源挖掘。在大多数情况下，首先还是应该注重内部资源挖掘。

通过上述对营销资源的优化配置，可以提高企业的预测能力，从而提高企业营销资源的决策质量，驾驭市场；有利于企业在营销活动中既能对各目标市场进行统筹兼顾，又能对新开发的市场进行重点培育；能使企业人尽其才，物尽其用，充分发挥人的主观能动性。

第六章

企业财务三驾马车

任何一个企业领导人都渴望做大做强,却始终无法摆脱三大风险的困扰:有收入没利润,有利润没现金,一扩张就断粮。本章通过企业财务三驾马车——企业损益表、企业资产负债表、企业现金流量表,教你彻底规避这三个问题。通过了解这三大报表的填写方式、作用,尤其是如何进行分析,企业领导人只需花一点时间检查关键数据,就能一眼看穿企业运营风险,一针见血地找到企业决策方向,一劳永逸地帮助企业领导人轻松做管理、科学做决策,让企业赚得更多、赚得更快、赚得更巧。

第六章　企业财务三驾马车

企业的赢利能力——损益表

损益表是企业财务报表的三大基本报告之一。损益表也称利润表、利润分配表、损益平衡表，是反映企业在一定会计期间经营成果及其分配情况的报表。通过损益表可以从总体上了解企业收入、成本和费用、净利润（或亏损）的实现及构成情况；同时通过损益表提供的不同时期的比较数字，可以分析企业的获利能力及利润的未来发展趋势，了解投资者投入资本的保值增值情况。

1. 损益表的内容和结构

损益表的内容由表首、基本部分和补充资料3个部分组成。需要强调的是，损益表表首部分的编表日期，应该填写×月份、×季度、×年度。因为损益表是反映整个报告期的动态的报表。损益表的基本部分反映企业在报告期间的经营收支和盈亏形成情况。各项目的金额栏都分列"本月数""本年累计数"两项，本月数是指当月的实际发生额，本年累计数是指从年初1月份起至编表报告期止的累计实际发生额。根据这两栏资料，既可以了解本期利润的完成情况，又能掌握全年利润完成的进度，以便采取措施，促进利润计划的全面完成。

损益表基本部分的内容，由以下5个方面构成。如表6-1所示。

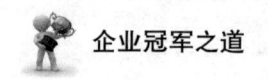

表6-1　　　　　　　　　　损益表的基本内容

构成	内容
商品销售利润	由企业的商品销售收入减去销售折扣与折让、商品销售成本、经营费用、商品销售税金及附加得出
主营业务利润	由商品销售利润加上代购代销收入得出
营业利润	由主营业务利润加上其他业务利润，减去管理费用、财务费用、汇兑损失得出
利润总额	由营业利润加上投资收益、营业外收入，减去营业外支出得出
净利润	由利润总额减去所得税后得出

损益表的编制应从企业自身经营管理出发，并结合外部使用者的信息要求，寻找它们之间的最佳结合点。

在损益表中，企业通常按各项收入、费用以及构成利润的各个项目分类分项列示。也就是说收入按其重要性进行列示，主要包括主营业务收入、其他业务收入、投资收益、补贴收入、营业外收入；费用按其性质进行列示，主要包括主营业务成本、主营业务税金及附加、营业费用、管理费用、财务费用、其他业务支出营业外支出、所得税等；利润按营业利润、利润总额和净利润等利润的构成分类分项列示。损益表的填列方法具体如表6-2所示。

表6-2　　　　　　　　　　损益表的填列方法

序号	内容
1	产品销售收入项目，应根据"产品销售收入"账户发生额填列
2	产品销售成本项目，应根据"产品销售成本"账户发生额填列
3	产品销售费用项目，应根据"产品销售费用"账户发生额填列
4	产品销售税额附加项目，应根据"产品销售税金及附加"账户发生额填列

续 表

序号	内容
5	其他业务利润项目,应根据"其他业务收入""其他业务支出"账户发生额分析计算填列
6	管理费用、财务费用项目,应根据"管理费用""财务费用"账户发生额填列
7	投资收益项目,应根据"投资收益"账户发生额填列
8	营业外收入项目和营业外支出项目,应分别根据"营业外收入"和"营业外支出"账户发生额填列
9	产品销售利润、营业利润、利润总额等项目,可在表内计算填列
10	以前年度损益调整项目,根据"以前年度损益调整"账户发生额填列

2. 损益表的作用

损益表上所反映的会计信息,可以用来评价一个企业的经营效率和经营成果,评估投资的价值和报酬,进而衡量一个企业在经营管理上的成功程度。具体来说,有以下几个方面的作用。如表6-3所示。

表6-3　　　　　　　　　　　损益表的作用

作用	内容
可作为经营成果的分配依据	损益表反映企业在一定期间的营业收入、营业成本、营业费用以及营业税金、各项期间费用和营业外收支等项目,最终计算出利润综合指标。损益表上的数据直接影响到许多相关集团的利益,如国家的税收收入、管理人员的奖金、职工的工资与其他报酬、股东的股利等。正是由于这方面的作用,损益表的地位曾经超过资产负债表,成为最重要的财务报表
综合反映生产经营活动情况,有助于考核企业经营管理人员的工作业绩	企业在生产、经营、投资、筹资等各项活动中的管理效率和效益都可以从利润数额的增减变化中综合地表现出来。通过将收入、成本费用、利润与企业的生产经营计划对比,可以考核生产经营计划的完成情况,进而评价企业管理当局的经营业绩和效率

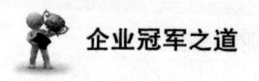

续　表

作用	内容
可用来分析企业的获利能力、预测企业未来的现金流量	损益表揭示了经营利润、投资净收益和营业外的收支净额的详细资料，可据此分析企业的赢利水平，评估企业的获利能力。同时，报表使用者所关注的各种预期的现金来源、金额、时间和不确定性，如股利或利息、出售证券的所得及借款的清偿，都与企业的获利能力密切相关，所以，收益水平在预测未来现金流量方面具有重要作用

3. 从损益表看企业赢利能力

赢利能力是指企业将所筹资金进行内部投资与外部投资而获取利润的能力。无论是投资人、债权人还是企业经营者，都日益重视和关心企业的赢利能力。利润是投资者取得投资收益、债权人收取本息的来源，是经营者经营业绩和管理效能的集中表现，也是职工集体福利设施不断完善的重要保障。

赢利能力分析是企业财务分析的重点，对企业的赢利能力进行分析非常重要，一是因为赢利能力是企业各环节经营活动的具体表现，企业经营的好坏，都会通过赢利能力表现出来。二是因为它是评价企业经营管理水平的重要依据。通过对赢利能力的深入分析，可以发现经营管理中的重大问题，进而采取措施加以解决，以提高企业的收益水平。三是企业的各项经营活动都会影响企业的赢利。

一般来说，从损益表中分析企业赢利能力，需要关注以下几项内容：

一是营业收入。是指企业日常经营活动中取得的经济利益的流入。它基本上代表着整个企业的营业规模，是企业业绩最重要、最基本的来源。营业收入包括企业主要经营活动和非主要经营活动所带来的收入总额，会

第六章 企业财务三驾马车

计核算上分别称之为主营业务收入和其他业务收入。收入意味着企业资产的增加或负债的减少，也是企业财富和所有者权益增长的基础。

二是营业成本。它反映企业在主要经营活动以及其他业务所发生的成本总额。在会计核算中主要分为主营业务成本和其他业务成本两部分。营业成本不同于其他费用，它是直接依附于相关产品或劳务的、被对象化了的成本费用。比如，对于工商企业而言，主营业务成本通常就是售出的库存商品的进货成本或生产成本。营业成本与营业收入相配比，二者之间的差额就是通常所谓的毛利额，它基本上代表着企业所从事的商品和劳务的赢利水平。

三是营业税金及附加项目。它反映企业在本期经营活动中应负担的流转税费，比如增值税、消费税、营业税、城市维护建设税、资源税、土地增值税和教育费附加等。营业税金及附加费用的高低和企业商品流转额或劳务供应量具有正相关关系，也体现了企业对于社会的一种义务。

四是销售费用。是用来核算企业在销售过程中发生的各项费用以及为了销售而专门设立的销售机构的经营费用。销售费用的具体项目包括产品销售过程中发生的费用，如包装费、运输费、装卸费、保险费、出借包装物等周转材料的成本消耗以及委托代销费用等；也包括为了促销商品而发生的费用，如广告费、展览费、经营租赁费、售后服务费、产品质量保证损失等；还包括专设销售机构（含销售公司、销售网点、售后服务网点等）的经营费用，如相关职工薪酬、业务经费、销售用固定资产的折旧费、修理费等。对于商品流通企业，如果管理费用不多，也可以将相关内容并入销售费用中核算和反映。

五是管理费用。它反映企业为组织管理企业经营活动所发生的各项费用。管理费用内容庞杂，细目众多，几乎成了费用之"筐"，那些应当由企业统一负担的费用一般都计入管理费用中。如企业筹建期间发生的开办费、公司董事会和总部各行政管理部门中的职工薪酬（包括工资、职工福利费、住房公积金、各种社会保险费、工会经费、职工教育经费、非货币性福利、辞退福利等）、公司经费、董事会费、聘请中介机构费、咨询费（含顾问费）、诉讼费、相关税金（如房产税、印花税、土地使用税、车船税等）、矿产资源补偿费、不予资本化的研发费用、技术转让费、排污费、业务招待费、用于经营管理活动的无形资产摊销、报经批准处理的存货盘亏毁损净损失等。

六是财务费用。主要是指企业为筹集生产经营所需资金而发生的各项费用。财务费用包括利息支出（利息收入冲减财务费用）、汇兑损益、金融机构手续费、企业发生的现金折扣（收到的现金折扣冲减财务费用）。此外，像分期收款销售商品、售后回购、售后回租等如果是带有融资性质的活动，相关资金使用成本也应在一定期限内分配计入财务费用。值得注意的是，借款费用应当考虑资本化问题，只有非资本化的金额才计入财务费用。

七是资产减值损失。它用来反映企业因资产价值减损而计提资产减值准备所形成的损失。根据《新企业会计准则》的规定，为了体现资产真正的价值，并且本着谨慎性原则，当企业资产的可收回金额低于账面价值时，原则上都应当估计减值损失并加以确认和计量，只不过使用的具体准则不尽相同。有一点需要注意，并不是所有的减值损失在未来期间价值回升的时候都可以转回。如企业计提的坏账准备、存货跌价准备、持有至到期投资减值准备等，相关资产价值恢复的时候，可以在原计提的减值准备金额内予以转回，而诸如长期股权投资、固定资产、在建工程、工程物资、无形资产、商誉等大部分非流动资产，相关资产减值准备一经计提，以后不得转回。

八是公允价值变动损益。它用来反映企业交易性金融资产、交易性金

第六章　企业财务三驾马车

融负债、采用公允价值计量模式计量的投资性房地产、衍生工具、套期保值业务等公允价值变动形成的且其变动计入当期损益的利得或损失。公允价值指的是在公平交易中，熟悉情况的交易双方自愿进行资产交换或债务清偿的金额。会计上采用公允价值计量的资产通常都是一些对价格变化比较敏感的资产，企业一般会采取盯市管理策略。值得注意的是，不要把公允价值下降造成的变动损益和上述资产减值损失混为一谈。资产减值损失往往表现为公允价值下降，但该下降通常是大幅度的、短期内难以恢复或者挽回的价值减损。

九是投资收益。它反映企业确认的投资收益或者损失。在会计上，确认投资收益的事项主要有：采用成本法核算的长期股权投资的应收股利收入；采用权益法核算的长期股权投资中，因被投资方净利润（或亏损）而计算应享有（或承担）的份额；企业持有的交易性金融资产、交易性金融负债、持有者到期投资、可供出售金融资产在持有期前获得的应收股利或者应收利息收入；上述资产或负债的出售或处置损益等。此外，交易性金融资产（或交易性金融负债）在取得时支付的佣金、手续费等相关交易费用也计入投资收益（冲减投资收益）。

十是营业外收入和营业外支出。营业外收入（营业外支出）是指企业发生的与经营业务无直接关系的各项利得（损失）。会计上通过营业外收入核算的项目主要有非流动资产处置利得，非货币性资产交换利得，债务重组利得，政府补助、固定资产等非流动资产盘盈利得，接受外来捐赠利得等；通过营业外支出核算的项目主要有非流动资产处置损失，非货币性资产交换损失，债务重组损失，捐赠支出、非常支出、罚没支出、固定资产等非流动资产盘亏毁损损失等。提请注意，与营业活动的收入和费用不同，营业外收入和营业外支出不存在对应或配比关系，某种事项的发生可能有收入而不需要为此付出什么，同样，有些事项的发生仅仅有"付出"

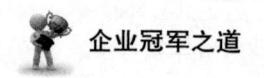

而不会得到什么"回报"。因此，这类事项如果出现异常，则需要财务报告使用者做一些特殊处理，比如考察企业的赢利能力。

十一是所得税费用。它反映企业应从当期利润总额中扣除的所得税费用。由于会计和税法之间的分离，会计上核算的所得税费用与按照税法计算应缴纳的所得税并不相同。根据《新企业会计准则》，所得税核算采用国际标准——资产负债表债务法核算，其金额大小不仅受到当期应缴纳的所得税的影响，而且还包括预期以后期间可能应缴纳（或者可抵扣）项目的影响金额。《资产负债表债务法》对所得税费用的确认和计量贯彻了"全面收益"观念，并与会计上核算的本期利润总额（而不是"合法"的应纳税所得额）形成一定配比关系，从而更具有合理性。资产或负债账面价值与其计税基础间的差异乘以适用税率，直接形成递延所得税资产或负债的期末余额，所得税费用依据当期应交所得税和递延所得税资产、负债的期末、期初差额加以确定，具体包括以下步骤：第一，资产负债表日，比较各项资产或负债的账面价值与其计税基础（有时候还要考虑没有在报表上列示的项目），确定应纳税暂时性差异和可抵扣暂时性差异；第二，暂时性差异乘以适用税率得到递延所得税资产或负债的期末余额；第三，比较递延所得税资产或负债的期末、期初余额，计算其增减变动的差额，确定递延所得税费用；第四，根据税法规定，计算确定当期应缴纳的所得税，确定为当期所得税费用；第五，根据当期所得税费用和递延所得税计算确定所得税费用。计算公式为：所得税费用＝当期应交所得税＋（递延所得税负债期末余额－递延所得税负债期初余额）－（递延所得税资产期末余额－递延所得税资产期初余额）。

十二是每股收益。它是指当期归属于普通股股东的净利润中，每一普通股所能享有（或应负担）的金额。利润表上分别以基本每股收益和稀释每股收益列示。每股收益是上市企业业绩评价的基本指标，也是投资者最关心的指标之一。正是基于每股收益在广大投资者心目中如此重要的地位，目前世界各主要资本市场均制定有"每股收益"准则，要求上市企业及处于申请上市过程中的企业计算和披露"每股收益"信息。这也是会计上唯一的一个财务比率指标受到如此"厚待"而被予以了专门规范。而在现实经济生活当中，每股收益指标是备受投资者关注同时又容易引起争议和误解的一个指标。长期以来，学术界和实务界关于每股收益尤其是复杂资本结构下每股收益的核算口径并不统一，诸如"基本每股收益""主要每股收益""稀释每股收益""全面摊薄每股收益""加权平均每股收益"等，不仅叫法不一、名目较多，而且各有各的解法，同时还具有"国际"差异。人们往往仅凭着自己的感性对该指标加以理解和应用，并不可避免地存在一些认识上的误区。特别是对于稀释每股收益的稀释性（摊薄）原理的诠释，有的往往是一知半解，甚至停留在似是而非的认识上。譬如，公司承诺回购其股份，表面上看企业发行在外的普通股数应该减少，而在计算稀释每股收益时，普通股股数（即计算公式的分母）为什么反而增加？存在多种潜在普通股时，准则提出"按照其稀释程度"排序的主要依据是什么？而且，在指标计算过程中果真是按照准则所谓的"按照稀释程度从大到小的顺序计入稀释每股收益"的吗？诸如此类的问题，如果没有对每股收益稀释性原理的准确理解，是很难把握每股收益核算的真正用意的。

企业的家底——资产负债表

资产负债表是企业财务报表的三大基本报告的又一个重要报表。资产负债表也称财务状况表，是反映企业在某一特定日期（如月末、季末、年末）全部资产、负债和所有者权益情况的会计报表，是企业经营活动的静态体现，根据"资产=负债+所有者权益"这一平衡公式，依照一定的分类标准和一定的次序，将某一特定日期的资产、负债、所有者权益的具体项目予以适当的排列编制而成。它表明权益在某一特定日期所拥有或控制的经济资源、所承担的现有义务和所有者对净资产的要求权。它是一张揭示企业在一定时点财务状况的静态报表。

1. 资产负债表的数据来源

企业资产负债表由三大块内容构成，分别为资产、负债以及所有者权益。在每一块内容下面，又列出一定程度的明细，这些明细来源于账簿里的相关明细科目的数据。在资产栏下面有现金、银行存款、应收账款、应收票据等。在负债栏下面有短期借款、长期借款、应付账款等，所有者权益下面列支实收资本、资本公积以及盈余公积等。

资产负债表的编制，主要是通过对日常会计核算记录的数据加以归集、整理，使之成为有用的财务信息。企业资产负债表各项目数据的来源，主要通过以下几种方式取得。如表6-4所示。

表6-4　　　　　资产负债表的各项目数据的来源与填列

数据来源	填列方式
根据总账科目余额直接填列	资产负债表大部分项目的填列都是根据有关总账账户的余额直接填列，如"应收票据"项目，根据"应收票据"总账科目的期末余额直接填列；"短期借款"项目，根据"短期借款"总账科目的期末余额直接填列。"交易性金融资产""工程物资""递延所得税资产""短期借款""交易性金融负债""应付票据""应付职工薪酬""应缴税费""递延所得税负债""预计负债""实收资本""资本公积""盈余公积"等，都在此项之内

第六章 企业财务三驾马车

续 表

数据来源	填列方式
根据总账科目余额计算填列	如"货币资金"项目,根据"库存现金""银行存款""其他货币资金"科目的期末余额合计数计算填列
根据明细科目余额计算填列	如"应收账款"项目,应根据"应收账款""预收账款"两个科目所属的有关明细科目的期末借方余额扣除计提的减值准备后计算填列;"应付账款"项目,根据"应付账款""预付账款"科目所属相关明细科目的期末贷方余额计算填列
根据总账科目和明细科目余额分析计算填列	如"长期借款"项目,根据"长期借款"总账科目期末余额,扣除"长期借款"科目所属明细科目中反映的、将于一年内到期的长期借款部分,分析计算填列
根据科目余额减去其备抵项目后的净额填列	如"存货"项目,根据"存货"科目的期末余额,减去"存货跌价准备"备抵科目余额后的净额填列;又如"无形资产"项目,根据"无形资产"科目的期末余额,减去"无形资产减值准备"与"累计摊销"备抵科目余额后的净额填列

资产负债表的"年初数"栏内各项数字,根据上年年末资产负债表"期末数"栏内各项数字填列,"期末数"栏内各项数字根据会计期末各总账账户及所属明细账户的余额填列。如果当年度资产负债表规定的各个项目的名称和内容同上年度不相一致,则按编报当年的口径对上年年末资产负债表各项目的名称和数字进行调整,填入本表"年初数"栏内。

与行业会计制度及股份有限公司会计制度相比较,资产负债表的填列方法和内容主要有两个变化:一是改变了部分项目的填列方法;二是适当增加了部分项目。需要注意的是,资产项目按其流动性排列,流动性大的排在前,流动性小的排在后;负债项目按其到期日的远近排列,到期日近的排在前,到期日远的排在后;所用者权益项目按其永久程度高低排列,永久程度高的排在前,永久程度低的排在后。

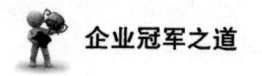

2. 资产负债表的作用

资产负债表必须定期对外公布和报送外部与企业有经济利害关系的各个集团（包括股票持有者，长、短期债权人，政府有关机构）。当资产负债表列有上期期末数时，称为"比较资产负债表"，它通过前后期资产负债的比较，可以反映企业财务变动状况。根据股权有密切联系的几个独立企业的资产负债表汇总编制的资产负债表，称为"合并资产负债表"。

资产负债表可以综合反映本企业以及与其股权上有联系的企业的全部财务状况，具体体现在以下几个方面。如表 6–5 所示。

表 6–5　　　　　　　　　　资产负债表的作用

作用	含义
揭示企业资产及其分布结构	资产负债表反映了企业资产的构成及其状况，分析企业在某一日期所拥有的经济资源及其分布情况，可以揭示企业的资产及其分布结构。从流动资产，可了解企业在银行的存款以及变现能力，掌握资产的实际流动性与质量；而从长期投资，掌握企业从事的是实业投资还是股权债权投资及是否存在新的利润增长点或潜在风险；通过了解固定资产工程物资与在建工程及与同期比较，掌握固定资产消长趋势；通过了解无形资产与其他资产，可以掌握企业资产潜质
揭示企业资产来源及其构成	资产负债表可以反映企业某一日期的负债总额及其结构，揭示企业的资产来源及其构成。根据资产、负债、所有者权益之间的关系，如果企业负债比重高，相应的所有者权益即净资产就低，说明主要靠债务"撑大"了资产总额，真正属于企业自己的财产（即所有者权益）不多。还可进一步分析流动负债与长期负债，如果短期负债多，若对应的流动资产中货币资金与短期投资净额与应收票据、股利、利息等可变现总额低于流动负债，说明企业不但还债压力较大，而且借来的钱成了被他人占用的应收账款与滞销的存货，反映了企业经营不善、产品销路不好、资金周转不灵。负债总额表示企业承担的债务的多少，负债和所有者权益的比重反映了企业的财务安全程度。负债结构反映了企业偿还负债的紧迫性和偿债压力的大小，通过资产负债表可以了解企业负债的基本信息，分析企业现今与未来需要支付的债务数额

第六章　企业财务三驾马车

续　表

作用	含义
了解企业现有投资者的投资份额	资产负债表可以反映企业所有者权益的情况，了解企业现有投资者在企业投资总额中所占的份额。实收资本和留存收益是所有者权益的重要内容，反映了企业投资者对企业的初始投入和资本累计的多少，也反映了企业的资本结构和财务实力，有助于报表使用者分析、预测企业生产经营安全程度和抗风险的能力
解释、评价和预测企业的短期偿债能力	偿债能力指企业以其资产偿付债务的能力，短期偿债能力主要体现在企业资产和负债的流动性上。流动性指资产转换成现款而不受损失的能力或负债离到期清偿日的时间，也指企业资产接近现金的程度，或负债需要动用现金的期限。在资产项目中，除现金外，资产转换成现金的时间越短、速度越快、转换成本越低表明流动性越强。比如，可随时上市交易的有价证券投资，其流动性一般比应收款项目强，因为前者可随时变现；而应收款项的流动性又比存货项目强，因为通常应收款项能在更短的时间内转换成现金，而存货一般转换成现金的速度较慢。负债到期日越短，其流动性越强，表明要越早动用现金
解释、评价和预测企业的长期偿债能力和资本结构	企业的长期偿债能力主要指企业以全部资产清偿全部负债的能力。一般认为资产越多，负债越少，其长期偿债能力越强；反之，若资不抵债，则企业缺乏长期偿债能力。资不抵债往往由企业长期亏损、蚀耗资产引起，还可能因为举债过多所致。所以，企业的长期偿债能力一方面取决于它的获利能力，另一方面取决于它的资本结构。资本结构通常指企业权益总额中负债与所有者权益、负债中流动负债与长期负债、所有者权益中投入资本与留存收益或普通股与优先股的关系。负债与所有者权益的数额表明企业所支配的资产有多少为债权人提供，又有多少为所有者提供。这两者的比例关系，既影响债权人和所有者的利益分配，又牵涉债权人和所有者投资的相对风险，以及企业的长期偿债能力。资产负债表为管理部门和债权人信贷决策提供重要的依据

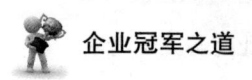

续 表

作用	含义
解释、评价和预测企业的财务弹性	财务弹性指标反映企业两个方面的综合财务能力，即迎接各种环境挑战，抓住经营机遇的适应能力，包括进攻性适应能力和防御性适应能力。所谓进攻性适应能力，指企业能够有财力去抓住经营中所出现的稍纵即逝的获利机会，不致放任其流失。所谓防御性适应能力，指企业能在客观环境极为不利或因某一决策失误使其陷入困境时转危为安的生存能力。资产负债表本身并不能直接提供有关企业财务弹性的信息，但是它所示列的资产分布和对这些资产的要求权的信息，以及企业资产、负债流动性、资本结构等信息，并借助利润表及附注、附表的信息，可间接地解释、评价和预测企业的财务弹性，并为管理部门增强企业在市场经济中的适应能力提供指导
评价绩效，帮助决策	企业的经营绩效主要表现为获利能力，而获利能力则可用资产收益率、成本收益率等相对值指标衡量，这样将资产负债表和利润表信息结合起来，珠联璧合，可据以评价和预测企业的经营绩效，并可深入剖析企业绩效优劣的根源，寻求提高企业经济资源利用效率的良策。有助于投资者对资产负债进行动态的比较，进一步分析企业经营管理水平及发展前景与后劲
评价企业的赢利能力	通常情况下，资产负债率应当控制在适度的比例，如工业生产类企业应低于60%为宜，不过，过低（如低于40%）也不好，说明企业缺乏适度负债经营的创新勇气。结合资产收益率，还可评价企业的资产创利、赢利能力。比如，某企业资产负债率期初是40.83%、期末是37.38%，虽然在下降，但净资产收益率没有提高，而且期末股东权益较期初增加2249.08万元，尚不如存货增加数，说明该企业产品的市场并不乐观，赢利能力一般

3. 资产负债表的分析方法

分析资产负债表，一般从以下3个方面把握：分析企业资产的来源和构成；判断企业生产经营情况；发现企业存在的涉税问题。如表6－6所示。

表6-6　　　　　　　　　资产负债表的分析方法

方法	实施细则
分析企业资产的来源和构成	资产负债表资产合计数表明企业的资产规模，明细项目列示资产的构成和关系。所有者权益表明股东的投资份额和可以分配的份额，还表明企业的成长性。企业的资本公积增加了说明企业整体上增值了。表中是否列示盈余公积金和法定公积金，可以看出企业财务是否规范。负债内容块列示负债的规模和筹资方式和布局。不同的举债方式给企业的影响是不一样的。长期举债的资金成本大，还款压力小；而短期负债的资金成本小，还款压力大。资产负债表可以看出一个企业的资金状况和财务风险。银行存款和现金以及一年内到期变现的非货币性资产总量较少，表现企业的现金流存在一定问题。一个企业的负债与资产的比例过高，表明企业有较高的财务风险，甚至会有资不抵债的可能
判断企业生产经营情况	分类项目数表明资产的构成，通过它们在资产总额的比例，可以反映出不少问题。例如固定资产和存货的比例过大，说明企业的销售情况不乐观；而如果银行存款的比例过小，应收账款的比例过大，说明企业的资金回笼有问题。长期股权投资和交易性金融资产等表明了企业的投资活动，固定资产的增加数以及在建工程项目都可以说明企业的投资情况。预付账款项目的数额说明企业与供货商的业务关系和规则，如果预付账款较多的话，可能存在以货易货的情况。负债率过低，说明企业未充分发挥财务的杠杆作用
发现企业存在的涉税问题	通过核查原材料的减收数与库存商品的增加比对，审核是否存在视同销售的情况。如果有在建工程，则要核实该在建工程是不动产工程还是自建固定资产情形，核实在工程物资里面是否抵扣了依法不能抵扣的物资。应付账款期初和期末是否变动较大，过大的话，要核查是否存在将销售收入长期不挂账现象，或者存在超过三年无法支付的款项未计入营业外收入进行纳税。在资本公积一块，核实是否将计入损益的项目列入资本公积

企业每个经济事项的会计处理都会对资产负债表产生影响，反过来，从资产负债表上我们都可以看到一些经济事项的影子。资产负债表的分析

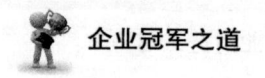

能力和会计实践经验很大的相关性，一般来说，会计实务经验越丰富，资产负债表的分析能力越强。

企业的血液系统——现金流量表

作为财务报表的三大基本报告之一，现金流量表所表达的是在一个固定期间（通常是每月或每季）内，一家机构的现金（包含银行存款）的增减变动情形。现金流量表的出现，主要是要反映出资产负债表中各个项目对现金流量的影响，并根据其用途划分为经营、投资及融资3个活动分类。现金流量表可用于分析一家机构在短期内有没有足够现金去应付开销。

1. 现金流量表的主要项目填列

现金流量表分为主表和附表（即补充资料）两大部分。主表的各项目金额实际上就是每笔现金流入、流出的归属，而附表的各项目金额则是相应会计账户的当期发生额或期末与期初余额的差额。《新企业会计准则》颁布实施后，现金流量表各项目的填列方法发生了变化，尤其是"销售商品和提供劳务收到的现金"与"购买商品和接受劳务支付的现金"两个主要项目的填列有了较大的不同。下面针对这两个项目进行初步分析。

"销售商品和提供劳务收到的现金"的基本填列公式为：本项目金额 = 营业收入 + 销项税额 +（应收账款期初余额 – 应收账款期末余额）+（应收票据期初余额 – 应收票据期末余额）+（预收账款期末余额 – 预收账款期初余额）– 坏账准备的调整金额 – 票据转让的调整金额 – 其他特殊项目的调整金额。其中各项的填列要求如表 6 – 7 所示。

第六章　企业财务三驾马车

表6-7　"销售商品和提供劳务收到的现金"各项的填列要求

事项	填列要求
营业收入的填列	根据《新企业会计准则》，营业收入为利润表第一项。但有的营业收入不会形成现金流量：用库存商品发放职工薪酬、用库存商品对外投资、用库存商品进行债务重组及非货币性资产交换等，《新企业会计准则》确认为主营业务收入。用材料对外投资、用材料进行债务重组和非货币性资产交换等，《新企业会计准则》确认为其他业务收入。这些项目都应从营业收入项目中扣除
销项税额	这个项目应根据应交增值税明细账填列。贷方发生额减去借方发生额的差额。在《新企业会计准则》的处理下：工程领用本厂商品，用本厂商品发放职工薪酬、用本厂商品和材料对外投资、非货币性资产交换、债务重组等产生的销项税额，既不会产生现金流量，也不会形成应收账款，应从销项税额中扣除
应收账款期初余额减去期末余额；应收票据期初余额减去期末余额	这两个项目根据资产负债表应收账款项目和应收票据项目填列。但只是假定期初大于期末余额的差额最终会形成现金流量。在《新会计准则》下需要根据有关情况进行调整。期末余额应加上由于债务重组减少的金额和应收账款转让换取非货币性资产减少的金额，也应加上由于应收账款让售（带追索权的）产生的利息费用和损失
预收账款期末余额减去期初余额	本项目根据资产负债表项目的期末余额和期初余额填列。在《新企业会计准则》的处理下，无法支付的预收账款批准转销后变成营业外收入，不会形成营业收入，因而应追回，才是正确的现金流量
坏账准备的调整金额	本项目根据坏账准备明细账贷方当期计提的金额填列。在《新企业会计准则》的处理下，由于所有的应收款项都可以计提坏账准备，应收利息、应收股利、预付账款的坏账准备应剔除，只包括应收账款和应收票据计提的坏账准备
票据转让的调整金额	在现实中流通转让的商业汇票主要是不带息的银行承兑汇票，而且主要不是贴现给银行而是转让给其他企业，因而一般不存在贴现利息。但贴现用于支付应付账款和购货的票据也在本项减去
其他特殊项目的调整金额	发出商品、售后回购、售后回租、分期收款销售、对外捐赠等特殊业务影响销售额和销项税的情况也比较特殊，应针对具体情况进行调整

"购买商品和接受劳务支付的现金"的基本填列公式为：本项目金额＝营业成本＋进项税额＋（应付账款期初余额－应付账款期末余额）＋（应付票据期初余额－应付票据期末余额）＋（预付账款期末余额－预付账款期初余额）＋（存货期末余额－存货期初余额）－职工薪酬调整项目＋坏账准备调整项目－其他特殊事项调整项目。其中各项的填列要求如表6-8所示。

表6-8 "购买商品和接受劳务支付的现金"各项的填列要求

事项	填列要求
营业成本	本项目根据损益表项目填列，为主营业务成本和其他业务成本之和。在《新企业会计准则》的处理下，用本厂产品对外投资、工程领用本厂产品、用本厂材料对外投资、债务重组、非货币性交换产生的主营业务成本、其他业务成本等应予以剔除，分别计入投资活动引起的现金流出量
进项税额	本项目根据应交增值税明细账借方分析填列。借方的出口退税、进项税额转出应予以减除。债务重组、非货币性交换产生的进项税额不应包括在内
应付账款期初余额减去应付账款期末余额；应付票据期初余额减去应付票据期末余额	这两个项目根据资产负债表期初、期末余额填列。当期确实无法支付批准转入营业外收入的应付账款、应付票据应加回。通过债务重组方式冲减应付账款、应付票据由于没有减少现金流量，也应加回
预付账款期末余额减去预付账款期初余额	本项目据资产负债表期初、期末余额填列。当期计提坏账准备应予以加回。若预付账款中含有预付的工程款，应予以剔除

第六章　企业财务三驾马车

续　表

事项	填列要求
存货期末余额减去存货期初余额	本项目根据资产负债表中期初、期末余额填列。由于存货业务的复杂性，在填列现金流量表时需要调整的项目相对比较多，调整时应注意：当期计提的存货跌价准备应予以加回；代理业务资产和代理业务负债应相互抵销后填列；当期盘亏、毁损、发生非正常损失的存货应予以加回；通过债务重组、非货币性交换得到的存货，由于没有引起现金流出，在计算现金流出量时应予以减除；当期盘盈、工程物资转入等增加的存货计算时也应予以剔除
职工薪酬的调整项目	期末生产成本、自制半成品、库存商品明细账中的职工薪酬，尽管已经支付现金，由于需要在现金流量表中单列，因此应从存货项目中扣除。本项目可以根据已售商品成本和未售商品成本的比例分配薪酬
坏账准备调整项目	在《新会计准则》下，由于预付账款也计提坏账准备，故应予以加回
其他特殊调整项目	包括工程领用的存货等

2. 现金流量表的作用

在现代企业的发展过程中，决定企业兴衰存亡的是现金流，最能反映企业本质的是现金流，在众多价值评价指标中基于现金流的评价是最具权威性的。现金流量表的作用主要体现在以下三个方面：

一是有助于弥补资产负债信息量的不足。资产负债表是利用资产、负债、所有者权益三个会计要素的期末余额编制的；损益表是利用收入、费用、利润三个会计要素的本期累计发生额编制的（收入、费用无期末余额，利润结转下期）。唯独资产、负债、所有者权益三个会计要素的发生额原先没有得到充分的利用，没有填入会计报表。会计资料一般是发生额与本期净增加额（期末、期初余额之差或期内发生额之差），说明变动的原因，期末余额说明变动的结果。本期的发生额与本期净增加额得不到合理的运用，不能不说是一个缺憾。根据资产负债表的平衡公式可写成：现金＝负债＋所有者权益－非现金资产，这个公式表明，现金的增减变动受公式右边因素的影响，负债、所有者权益的增加（减少）导致现金的增加（减少），非现金资产的减少（增加），导致现金的增加（减少），现金流量表中的内容尤其是采用间接法时即利用资产、负债、所有者权益的增减发生额或本期净增加额填报的。这样账簿的资料得到充分的利用，现金变动原因的信息得到充分的揭示。

二是便于从现金流量的角度对企业进行考核。对一个经营者来说，如果没有现金缺乏购买与支付能力是致命的。企业的经营者由于管理的要求亟须了解现金流量信息。另外在当前商业信誉存有诸多问题的情况下，与企业有密切关系的部门与个人投资者、银行、财税、工商等不仅需要了解企业的资产、负债、所有者权益的结构情况与经营结果，更需要了解企业的偿还支付能力，了解企业现金流入、流出及净流量信息。损益表的利润是根据权责发生制原则核算出来的，权责发生制贯彻递延、应计、摊销和分配原则，核算的利润与现金流量是不同步的。损益表上有利润而银行户上没有钱的现象经常发生。近几年来随着大家对现金流量的重视，深深感到在权责发生制原则下编制的损益表不能反映现金流量是个很大的缺陷。但是企业也不能因此废权责发生制而改为收付实现制。因为收付实现制也有很多不合理的地方，历史证明企业不能采用。在这种情况下，坚持权责发生制原则进行核算的同时，编制收付实现制的现金流量表，不失为"熊掌"与"鱼"兼得两全其美的方法。现金流量表划分经营活动、投资活动、筹资活动，按类说明企业一个时期流入多少现金，流出多少现金及现

第六章 企业财务三驾马车

金流量净额,从而可以了解现金从哪里来、到哪里去了,损益表上的利润为什么没有变动,从现金流量的角度对企业做出更加全面合理的评价。

三是了解企业筹措现金、生成现金的能力。如果把现金比作企业的血液,企业想取得新鲜血液的办法有二:其一是为企业输血,即通过筹资活动吸收投资者投资或借入现金。吸收投资者投资,企业的受托责任增加;借入现金负债增加,今后要还本付息。在市场经济的条件下,没有"免费使用"的现金,企业输血后下一步要付出一定的代价。其二是企业自己生成血液,在经营过程中取得利润。企业要想生存发展,就必须获利,利润是企业现金来源的主要渠道。通过现金流量表可以了解经过一段时间经营,企业的内外筹措了多少现金,自己生成了多少现金;筹措的现金是按计划用到企业扩大生产规模、购置固定资产、补充流动资金上,还是被经营方侵蚀掉了。企业筹措、生成现金的能力,是企业加强经营管理合理使用调度资金的重要信息,是其他两张报表所不能提供的。

值得一提的是,很多书刊认为经营活动产生的现金流量净额是评价企业偿还能力的重要指标,认为比率越大,偿还能力就越强,但这个观点不具有普遍意义。事实上,现金流量净额是一个差量指标(流入减流出或期末减期初),期末比期初多一些或少一些没有什么实际意义,所以当前用现金流量净额评价企业应视条件而定。而编制现金流量表的目的就在于提供某一会计期间的现金赚取和支出信息,以反映企业现金周转的时间、金额及原因等情况,其公式可表述为:当期现金净增加额 = 经营现金净流量 + 投资现金净流量 + 筹资现金净流量。

3. 现金流量表的分析方法

现金流量表能够提供企业当期现金的流入、流出及结余情况,可以正确评价企业当前及未来的偿债能力与支付能力,可以正确评价企业当期取得的利润的质量，为科学决策提供充分、有效的依据。具体说来，现金流量表的分析可从以下几方面着手：

一是偿债能力分析。在正常经营情况下，企业当期经营活动所获得的现金收入，首先要满足生产经营活动中的一些基本支出，如购买原材料与商品、支付职工工资、缴纳税金等，然后才用于偿付债务。所以，分析企业的偿债能力，首先应看企业当期取得的现金，在满足了生产经营活动的基本现金支出后，是否有足够的现金用于偿还到期债务的本息。这里在分析偿债能力时，没有包括投资活动与企业筹资活动产生的现金流入，因为企业是以经营活动为主，投资活动与筹资活动作为不经常发生的辅助理财活动，其产生的现金流入量在总现金流入量所占比例较低，而且如果企业的经营活动所取得的现金在满足了维持经营活动正常运转所必须发生的支出后，还不能偿还债务，必须向外筹措资金来偿债的话，这说明企业已陷入了财务困难，很难筹措到新的资金。即使企业向外筹措到新的资金，但债务本金的偿还最终还是取决于经营活动的现金流量。这是一种十分稳健的偿债能力分析方法。

二是支付能力分析。支付能力分析主要是通过企业当期取得的现金（特别是其中的经营活动产生的现金收入）与各项支出的现金来进行比较。企业取得的现金只有在支付经营活动所发生的各项支出与本期应偿还的债务后，才能用于投资与发放股利，这表现在现金流量表中"现金流量净增加额"项目上。如果"现金流量净增加额"为正数，说明企业本期的现金与现金等价物增加了，企业的支付能力较强；反之则较差，财务状况恶化。必须注意的是，现金流量净增加额并非越大越好，这是因为现金的收益性较差，若现金流量净增加额太大，则可能企业现在的生产能力不能充分吸收现有的资产，使资产过多地停留在赢利能力较低的现金上，从而降低了企业的获利能力。

第六章　企业财务三驾马车

三是收益品质分析。由于应收账款的存在以及会计利润容易受人操纵，企业当期的收益质量往往会受到一定的影响。通过经营活动所产生的现金流量与会计利润的对比就可以对企业的收益品质进行评价。有些项目，如折旧、资产摊销等虽不影响经营活动的现金流量但会影响损益，使当期会计利润与经营活动产生的现金流量不一致，但是两者应大体相近，因此，通过经营活动产生的现金流量与会计利润的比较可以评估企业收益的品质。经营活动产生的现金流量与税后净利之比，若大于或等于1，说明会计收益的收现能力较强，收益品质较好；若小于1，则说明会计利润可能受到人为操纵或存在大量应收账款，收益品质较差。

四是适应能力与流动能力分析。财务适应性是指企业适应各种变化的能力，流动性则是企业资产转化为现金的能力，这两者是通过经营活动的现金流量占全部现金流量的比率进行分析。其比率越高，说明企业经营活动所产生的现金流速越快，流量越大，企业的财务基础越稳固，从而偿债能力与对外筹资能力就越强，其财务适应性与流动性就越好，抗风险的能力也越高。

五是成长能力分析。企业成长能力是指企业未来发展趋势与发展速度，包括企业规模的扩大、利润和所有者权益的增加等。通过对企业成长能力的分析，也可以判断企业未来经营活动现金流量的变动趋势，预测未来现金流量的大小。在分析企业成长能力时，常常将投资活动与筹资活动所产生的现金流量联系起来考查。如果投资活动的现金流出量与筹资活动的现金流入量在本期的数额都相当大，说明该企业在保持内部经营稳定进行的前提下，从外界筹集大笔资金，扩大其经营规模；反之，如果投资活动产生的现金流入量与筹资活动产生的现金流出量在数额上比较接近，且数额较大，说明企业在保持内部经营稳定进行的前提下，收回大笔对外投资的资金支付到期债务，意味着企业没有扩张动机。

第七章

传统产业的"互联网+"

"互联网+","+"的是传统的各行各业。互联网帮助传统行业升级换代以后,带来的新收入会远远大于过去的收入,这是一个全球性的趋势。传统产业实施"互联网+",需要从思维上、组织上、技术上进行全面转型。在思维上,传统产业要进行一场"商业思维"革命。在思想上,要认知互联网思维的核心,并运用互联网思维实现转型。在组织上,要调整组织结构,使组织具有灵活、快速、中层职能消失、个人自主权利扩大的互联网时代特点。在技术上,要使互联网技术成为改变和塑造传统产业生态格局的重要驱动力量。

第七章　传统产业的"互联网+"

互联网思维

互联网思维是降低维度，让互联网产业低姿态主动去融合实体产业。互联网思维，就是在（移动）"互联网+"、大数据、云计算等科技不断发展的背景下，对市场、用户、产品、企业价值链乃至对整个商业生态进行重新审视的思考方式。

1. 互联网思维：商业转型的秘密

如今，以互联网为代表的"野蛮人"已经开始大规模入侵传统行业，引起了不小的骚动与讨论。移动互联网真的是洪水猛兽吗？真的将颠覆传统行业吗？想要回答好这个问题并不是那么容易的。

其实，移动互联网对传统行业的冲击不仅仅是一个"颠覆"就能概括的，而是对"颗粒度"进行了细分与切割，从研究人具体到人的行为上来了，而且是非常迅速的细化。这种颗粒度的细化过程释放出了极大的能量，才使得各行各业由此发生了巨大的变化。要清楚地认识移动互联网，必须分3个大的方面去解析：网络再造世界、数据重构商业、流量决定未来。具体解析如表7-1所示。

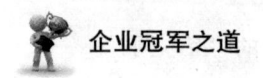

表7-1 解析移动互联网

解析	解析内容
网络再造世界	移动互联网对每个人而言，是在他的脑袋里再造了一个世界。在此之前，每个人看世界的视角都是以地球的半径为半径，例如全世界是什么？那就是以地球半径为半径的一个大的球体。但是实际上，移动互联网的发展会让人脑的意识里不只有这个以半径为半径的地球，还有除了人以外能看到的无数个侧面以及无数种行为。所以，移动互联网在颗粒度细化的过程中我们所认知的世界也在放大，相当于重新再造了一个地球
数据重构商业	移动互联网让数据重构商业成为可能，这是一个全新的特点。在没有移动互联网的时候这个几乎无法实现，因为用户的行为是无法唯一标识化的，成本很高。实施这件事情的成本将导致这个事情无法实施。现在有了移动互联网恰恰是可以的，因为人的行为在互联网上都有记录，可以被统计，被分析，被重复使用，被做出数据产品用于各个地方，当然行为是有价值的。在行为可以被标识、被记录、被转化为货币的过程中，我们所看到的商业规则、理念、认知也在跟着发生改变，移动互联网就是在这样一种发展环境中重构了我们的商业世界
流量决定未来	移动互联网就像是带有蓝色色彩的水，像大海的水一样将漫过所有的东西，谁也避免不了，都会被感染。这种感染不是说被细菌感染，它也不会改变你原来的基础结构和细胞结构，它是把你进行切割，对各行各业都是如此。原来一米的切割成一厘米，一厘米的切割成一微米，原来是一平方米的切割成一平方厘米，原来是一个组织或一个公司，会被切割成一个个独立的小部分、小团队。而这个趋势在许多移动互联网公司已经实践开来。我们所认同的非常好的公司，包括腾讯、阿里巴巴、百度都符合这个特征，它们都一直在进行组织结构的调整与优化，以适应移动互联网时代的新特征，所以我们能够看到引领国内移动互联网发展潮流的依旧是BAT（中国互联网公司三巨头，即百度、阿里巴巴、腾讯）。当然，一个公司如果不能适应移动互联网的这个特征，它就会发展得十分缓慢，甚至被淘汰、被颠覆

第七章　传统产业的"互联网+"

对于传统企业转型来说，除了颗粒度的细化之外，还有三个价值标准可以检验你是否符合移动互联网的发展规律，用来指导企业的发展方向：

一是生产过程中参与改变成本结构。在产品或服务的生产过程中，多方主体极大的参与会改变成本结构。例如小米手机，采用互联网生产和销售模式，将各个零配件厂商组织起来，去谈合作，将中间销售渠道砍去，两边齐头并进，大大降低了手机的终端销售成本，从而造出了性价比很高的手机，获得用户青睐，得到迅速发展。这就改变了串行的生产和销售模式，大家在并行过程中改变了成本结构，为用户创造了更大的价值。

二是交付过程中交互改变供求关系。在移动互联网服务买卖双方的交付过程中，多方主体极大的交互会改变供求关系。一个经典的例子是滴滴打车。原来的模式是，我要打车，我是买方，出租车司机是卖方，是否提供服务决定权在出租车司机，买方经常会抱怨无车可打或者拒载的情况，但是无法进行反馈。那么现在有了滴滴打车后，谁在什么地方、什么时候打车，司机都知道，你也知道车有多少。这个时候供求关系变了，用户有机会选择要什么样的车，是顺风车、快车、出租车还是专车，用户可以自主选择，并且打车完成后可以对出租车司机的服务进行评价，以督促司机提供更好的服务，这时候用户的角色就从被动的一方变成了主导的一方，改变了供求关系。

三是时刻存在的服务特性改变时空关系。移动互联网持续 24 小时不间断的服务特征改变了时空关系。现在我们有了滴滴打车，无论什么时候都能感觉到车就在我们身边，无论是出租车、快车、还是专车，心里感觉到很踏实很放心，我们不仅知道有车，还知道车在哪里，还有多久能够到，少了之前打不着车的焦虑感。这就是移动互联网的发展所带来的，让我们

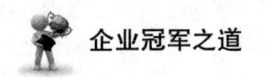

有机会享受到 24 小时不间断的服务，从而改变了时空关系。我们能够知道车在哪里，什么时候能到，这一切尽在掌握，让不确定变成确定，让不安全变成安全。

总之，互联网与移动互联网的最大区别在于独立标识，移动互联网的能量和魅力在于将传统世界切割成更小的"颗粒"，而这种细化会让行为变数据，数据变信息，信息变流量，流量变货币，从而再造了一个新的世界，数据重构了商业，流量会决定未来。因此，传统企业在移动互联网转型的过程中，我们必须清楚地认识到移动互联网的这些特征，以及利用移动互联网的这些方法论去指导自身的转型。其实移动互联网并不恐怖，既然我们谁也无法逃避，那还不如积极拥抱，去接近她、了解她、迎合她，利用移动互联网的特性和工具属性，接受她的覆盖与切割，主动地参与到移动互联网的改造中去，这样才会有未来。

2. 传统企业该如何转变思维

传统企业互联网化首先是转变思维，这是一场革命，一场传统企业的"商业思维"革命。因此，传统企业互联网化最重要的是要首先从思想上认知，弄懂互联网带来的新商业思维的核心是什么，并运用互联网思维实现转型。

互联网思维的一些精髓是：免费、速度、极致、迭代、用户和质变。

免费，这是很多互联网公司之所以建立"运营体系"的核心，因为大部分互联网公司都是建立在"主营业务免费"的基础之上的，用户不会为其核心业务直接埋单，这使互联网公司不得不建立运营体系，一方面想方设法留住用户关注度，另一方面寻求其他途径获得利润，比如广告、游戏、虚拟道具等。对于传统企业来说，其产品或者服务的边际成本不可能

第七章 传统产业的"互联网+"

像互联网公司那般趋近于零,所以很少有人把主营业务免费提供给用户。不过小米也告诉整个行业,他在以成本价销售产品,并不希望通过手机硬件利润赚钱。

速度,天下武功,唯快不破!互联网也算是竞争极其残酷的行业,因为技术门槛低,山寨成风,任何一家今天还活着的互联网公司都要感谢当年创始人拼命三郎的精神。在互联网领域,速度就是生命。对于传统企业来说,"被山寨"的速度不像网站那么快,但是手机产业的山寨水平其实并不输给互联网公司。所以,今天可以说任何行业都在与速度赛跑,那些跑得慢的都被人们遗忘了。

极致,就是完美至极!互联网人打磨产品的精神是追求完美的工匠心态,这点不亚于乔布斯。不过这也要感谢激烈的竞争环境。不做到极致没有人尖叫,没有尖叫就没有传播,没有传播就没有营销,没有营销就没有未来。营销的初衷是"营造销售的氛围",基于互联网的各大社交平台提供了免费的营销传播通路,这是天赐良机!但用户只愿意传播那些真正令他们尖叫的产品,那些超越用户想象的产品会最大面积得到免费传播。在互联网上,花钱的广告远不如免费的口碑值钱。

迭代,既要追求速度,又要追求完美,这不是矛盾吗?是啊,产品经理通常都很纠结,每天在抓耳挠腮地做着"取舍"。而互联网上成长起来的新一代,对于互联网精神打造的产品所与生俱来的"瑕疵"也具有极大的包容性。他们的注意力都放在了那些让用户"尖叫"的功能、性能和特质上,而忽略了其他不足的地方,那些出众的点赢得了用户的感动,也让用户由衷地相信,下一版会好的。所以雷军的小米手机在经过几个版本的迭代之后,终于接近我对小米第一个版本的期待了。

用户,至关重要的因素。互联网思维主导下的产品是非常注重用户体验的,优秀的产品经理都在研究如何通过产品这个载体与用户

"神交"，虽然互联网企业坚持认为用户不是直接给你钱的"消费者"，但是用户对你的关注和评论决定了企业的生死。对于传统企业来说，更加应该重视用户体验，每一个用户本质上都可能成为产品的"使者"。为了达到这个目标，我们需要将用户体验从原来的产品品质提升到一个更加广义的层面，从用户第一次听到你的产品开始到最后的维修或者退货，中间100多个体验环节，每一个单点都值得优化和提高。

质变，互联网企业最美妙的事情就是当用户达到一定规模之后，会有突如其来的"质变"，QQ（腾讯公司的即时通信软件）从一个聊天工具先是变成了一个社交平台，再成为一个媒体巨头，然后变成了一个娱乐帝国；十年之后，同样是在腾讯，微信又一次从一个聊天工具变成了社交平台，然后又成了一个媒体平台、产品客服平台，之后又成了游戏平台，然后增加了支付，突然成了无所不能的交易平台，开始触动了阿里巴巴电商生态的奶酪。量变带来质变，这就是用免费或者成本价销售产品带来用户规模之后的一种新的可能性，这种质变会影响到周边一些其他传统产业，这就是互联网的魅力。就像两个武林高手一直在拼杀对峙，旁边一个小娃娃在观战；某一天，打着打着，两个高手转身一看，那个小娃娃已经变成一个巨无霸，并且对他俩虎视眈眈，这个时候他们终于停手了，商量如何一起对付这个当年的小娃娃。

理解互联网思维的精华所在，那么如何让这些互联网思维在自己的企业中落地？这正是今天传统企业实施"互联网+"的核心。

传统企业特别是规模比较大的传统企业，在互联网转型特别是在互联网思维去改造过程中，需要完成三大转化，即战略层面的转变、业务层面的转变和组织层面的转变。如表7-2所示。

第七章　传统产业的"互联网+"

表 7-2　　　　　　　　传统企业互联网转型的三大转化

事项	转化内容
战略层面的转变	互联网思维战略的切换，要用互联网思维重新思考战略。比如原来 B2C（商对客）的商业模式，能不能往 C2B（客对商）商业模式转，这是一个战略层面
业务层面的转变	传统企业原来都是单向的价值传递，但现在是双向的价值协同，我们的用户需要什么，企业能满足他们什么需求要匹配起来，而且在不断的动态调整中去互相达到对方的需求，这个时候整个业务模式就变了，比如研发方式是让用户参与的众包研发，所以，研发就需要变。此外，在营销方式上，要做的就是聚合用户，赢取口碑，这就是在品牌营销方面的变化，这要求传统企业在业务逻辑上也要用互联网思维去重新思考
组织层面的转变	用互联网思维去影响我们的组织，这个对于很多大型企业往往是最关键的问题。传统企业跟员工之间的关系要发生变化，从大的趋势上来说，要由雇佣关系变成合伙关系，这意味着我们的管理方式，原来都是压力管理，要变成一种动力管理，要激发你而不是考核你，要调动你而不是控制你。所以，我们的企业文化也会逐渐去调整

互联网思维是一种时代转型的信号，从互联网思维的角度来理解传统行业，一定要解决战略、业务和组织这三个层面的问题，这样才能真正地把这样的传统企业的转型做好。

互联网组织

"网络组织"特指有一群地位平等的"节点"依靠共同目标或兴趣自发聚合起来的组织。其中的互联网组织就是这种相互关联而没有中心的特

· 169 ·

定形态的代表。互联网组织是利用现代信息技术手段，适应与发展起来的一种新型的组织机构，是目前正在流行的一种新形式的组织设计，它使管理当局对于新技术、时尚或者来自海外的低成本竞争能具有更大的适应性和应变能力。网络结构是一种很小的中心组织，依靠其他组织以合同为基础进行制造、分销、营销或其他关键业务的经营活动的结构。传统产业实施"互联网＋"，有必要把握互联网时代传统企业组织发展趋势，也有必要通过案例来了解网络组织的结构，以便更好地实施"互联网＋"。

1. 传统企业组织的新方向

一些现行企业的组织变革，使得在互联网时代，企业的组织结构出现了新的方向：极度扁平的组织结构、网状的组织结构和平台化生态圈组织结构。它们有着共同的互联网时代特点，即以用户和市场为中心，组织灵活、快速、中层职能消失、个人自主权利扩大。

极度扁平的组织结构。在该类组织结构中，企业不再需要层层汇报从而采取行动，而是以用户为核心，拉近用户和企业间的距离，实现企业对用户需求的实时对接。极度扁平的组织机构在体量较小的企业中被广泛使用。小米即采用极度扁平的组织结构，通过小米自有的论坛以及设计媒体同客户进行零距离沟通，并在得到客户信息和反馈是及时做出反应，而不需要层层汇报得到上级批准才能行动。在竞争激烈的智能手机行业，层层报告，得到审批后才能做估计批准才能行动，往往意味着已经落后于竞争对手。

网状的组织结构，是指企业组织形式类似于一张由一个个"节点"组成的网型组织，节点为个体组织，这些组织节点并无职位上的高低之分，资源在各节点之中也是可以自由流通共享，网内各节点的负责对象只有客户。海尔通过"自主经营体"和"利共体"两个阶段的组织变革，形成了

第七章 传统产业的"互联网+"

闭环网状组织结构:企业的组织结构由原来的正三角变为倒三角结构,企业变成了包含三级、三类的 2000 多个自主经营体。自主经营体解放了个体,但是面临目标不一致问题。故海尔进行了第二次利共体变革。利共体阶段原有的倒三角组织机构转变为"利共体+平台"。自主经营体融合为前段经营的利共体,共同为用户一个目标负责,而平台(包括资源平台和职能平台)则为自主经营体提供支撑,利共体阶段解决了自主经营体阶段目标不统一的问题,将目标统一到为客户负责,并形成闭环网状组织结构。

平台化生态圈组织结构。企业作为一个提供资源和服务的平台,平台内部由众多企业组织形成,平台内组织不仅可以利用平台提供的资源,在平台资源无法满足的情况下,还可以寻求平台外部资源合作。内外部资源在平台内共同为实现客户、市场需求的目标运作。海尔通过"平台+小微"的模式构建了平台化生态圈组织结构,该种组织结构类似于海尔为内部"小微"企业提供创业孵化的平台。小微是为用户负责的独立运营主体,拥有决策球员、用人权和分配权,其唯一需要负责的是客户小微内部的自我管理和驱动的因素,主要通过"人单酬"和"迭代量对赌机制"来实现。人单酬是指每一个小微员工的报酬均同和"单"即用户数量、销量等业绩表现挂钩。小微和平台之间的"迭代量对赌"为主要关系机制,例如小微公司同平台签订对赌协议,一季度销量为 1000 台,二季度销量为 3000 台,若不能实现,则平台同小微终止合作。在"平台+小微"的结构中,组织边界是开放的,即如果平台的资源不能满足小微的需求,小微可以寻求平台外的资源。例如同日日顺合作的 9 万个"车小微",车小微的车辆均来自社会车辆。

在不断更新、易变的互联网时代,企业需要应对的组织挑战在不断增多,新的组织结构变化可能让企业眼花缭乱,不知所措。

事实上,企业组织结构系统的网络化是一个世界性的大趋势,它能在三个方面极大地促进企业经济效益实现质的飞跃：一是减少了内部管理成本；二是实现了企业全世界范围内供应链与销售环节的整合；三是实现了企业充分授权式的管理。

企业组织结构系统的网络化将经历三个阶段。如表7-3所示。

表7-3　　　　　　企业组织结构系统网络化三阶段

阶段	内容
"电子小册子"阶段	就是企业仅仅注册一个域名，建立一个小型主页，把自己的介绍性信息放在网页上。这也是目前中国95%号称"已经触网"企业的网络利用形式
客户服务系统阶段	要在"电子小册子"的基础上，实现企业"前台办公自动化"。企业不仅要建立对外的互联网站点，而且要构建企业内联网，实现内外网络的互联互换，信息资源的内外共享。外部网站要为客户提供完备的订货系统、技术在线支持系统、售后服务反馈系统；内部网站要为企业提供自动化办公系统、部门间信息共享系统
企业组织结构的纯粹网络化阶段	这个阶段没有前面的两个步骤是不可能的。中国目前的国情也决定了大部分的企业还将在未来的一两年内建立和保持他们的"电子小册子"，部分优秀企业和特殊企业可以迅速进入第二阶段，至于第三阶段，那只能是一个较为长远的奋斗目标

长期以来，企业都是按照职能设置部门，按照管理幅度划分管理层，形成了金字塔形的管理组织结构。这种组织结构已经越来越不适应信息社会的要求。在互联网时代，企业需要不断审视自己的组织机构，在组织变革和保持现状之间找到平衡点，在这之中，战略起到尤为重要的作用。战略决定企业的组织，组织需要同战略目标保持高度一致，在众多的互联网组织变革新名词的轰炸下，企业需要思考：自己的目标是什么？如果战略要求企业需要不断地创新、迭代产品、服务、商业模式去赢得客户和市

第七章 传统产业的"互联网+"

场,互联网时代可能为组织变革提供了环境和土壤。若战略目标是产品、收益和市场之间找到平衡,正如过往传统企业的目标一样,企业依据互联网的组织变革则会面临一定的风险,并需要勇气。

2. 案例解读互联网组织结构

以往的传统企业各自为政、占山为王的时代已经结束,臃肿冗长的金字塔组织架构,因为决策重心集中在最上端,无论是反馈还是在执行上都过于漫长,少数人驱动多数人,但少数人却不了解一线市场的运作模式,已经对抗不了日益变化的社会。在"互联网+"大环境的影响下,企业界限将逐渐模糊,将逐渐呈现无界限,"互联网+"对整个行业的改变将是生态圈的升级。因此,在"互联网+"时代,别让传统的组织结构毁了你的企业!

网页设计师马努·科内特(Manu Cornet)曾经在自己的博客上画了一组美国科技公司的组织结构图。在他笔下,亚马逊等级森严且有序;谷歌结构清晰,产品和部门之间却相互交错且混乱;Facebook(脸谱,社交网站)架构分散,就像一张散开的网络;微软内部各自占山为王,军阀作风深入骨髓;苹果一个人说了算,而那个人路人皆知;庞大的甲骨文,臃肿的法务部显然要比工程部门更加重要。这组有趣的图很快风靡网络,它传入中国,在新浪微博上被转发了1万多次。据此,《第一财经周刊》也尝试着炮制了一份中国主要的科技公司的结构图——阿里、百度、腾讯、新浪、华为、联想。当我们把目光聚焦在这些国内一流公司上时,会发现不同的公司成长历史、业务架构和管理风格,最终所表现出来的架构图也是不一样。

阿里巴巴,马云的影子无时无处不在;百度的组织结构,崇尚简单;腾讯的组织结构,产品与部门关系千丝万缕,QQ是所有产品与服务的基

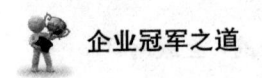

石；新浪的组织结构，依托微博画了一张大饼；华为的组织结构，技术创新引发矩阵结构变化；联想的组织结构，大小通吃但又左右互搏。

阿里巴巴的组织结构，如图7-1所示。

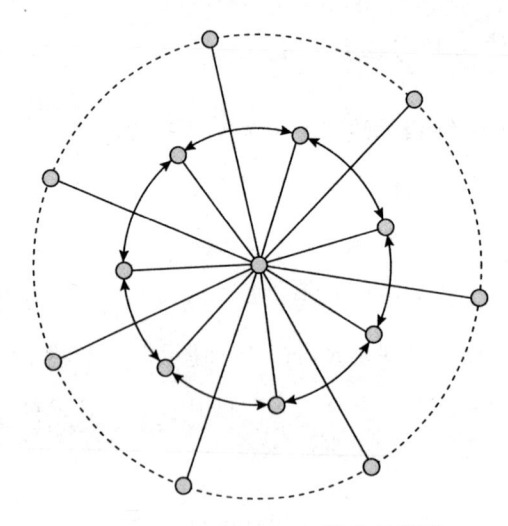

图7-1 阿里巴巴组织结构示意图

阿里巴巴通过网站和淘宝商城、淘宝集市三大平台，精确对接细分用户，向公众展示了一条完美的产业链。手中握有从物流到供应商乃至用户的物流及其他数据。尽管2007年阿里巴巴B2B（企业对企业）业务上市后，马云开始练太极、习道学、悟阴阳，但是，在阿里巴巴马云的影子似乎无时无处不在。现在，他又向公众展示了一条完美的产业链。万网提供域名，并量身定制出两套网站——B2B和B2C，再通过阿里巴巴网站和淘宝商城、淘宝集市三大平台，精确对接细分用户。散在全国的7个百万平方米以上的阿里巴巴大仓、若干个小仓，由物流宝打通的从供应商到阿里巴巴大小仓直至用户之间的物流数据流，囊括大阿里巴巴战略中所有的业务。而马云，正如他自己所说："已经融化在这家公司里。"

百度的组织结构，如图7-2所示。

第七章 传统产业的"互联网+"

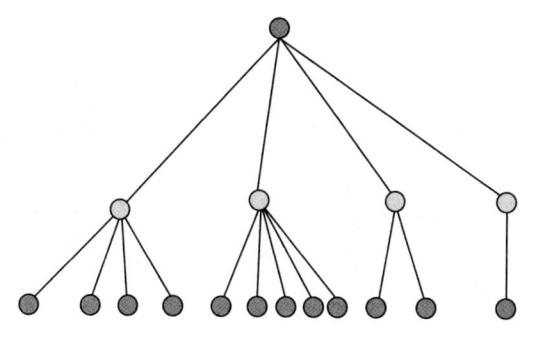

图7-2 百度组织结构示意图

"百度崇尚简单",所以百度的组织结构看上去是一家只需要CEO就够了的公司。百度前任COO(首席运营官)叶朋在2008年4月担任COO之前,这个职位空了一年之久。当他2010年离职后,这个职位一直空缺至今。而回过头去看百度的发展历史,COO职位已经出现三次为期不短的真空期了。同样的遭遇也发生在CTO(首席技术官)职位上。而在2008年,这家公司竟然同时缺失COO、CFO(首席财务官)和CTO。一些分析师认为,出现这种情况,是因为内部清洗和股票禁售到期两股力量同时夹击。但是互联网观察家谢文却认为,百度在找高管方面"判断有些失误",他建议百度下决心把管理班子弄好,它还是需要一个5~7人、各有专长的核心高管团队的。

腾讯的组织结构,如图7-3所示。

腾讯是个令人费解的内外两重世界,就像一堵围墙,墙内的人觉得公司简单欢快如大学校园,墙外的人却觉得企鹅彪悍且来势汹汹。反映在腾讯的业务和组织架构,这种矛盾性也处处存在。经过几次大大小小的架构调整,腾讯将不断增设的新部门重新归类后细分为八大单元。其中,根据业务体系划分出4个业务系统——无线业务、互联网业务、互娱业务、网络媒体业务;另外,根据公司日常运转划分出4个支持系统——运营支持、平台研发、行政等职能系统及企业发展系统。看起来很清爽,可是当找出腾讯的产品与服务结构图来比较就会发现,腾讯产品与部门之间有着千丝

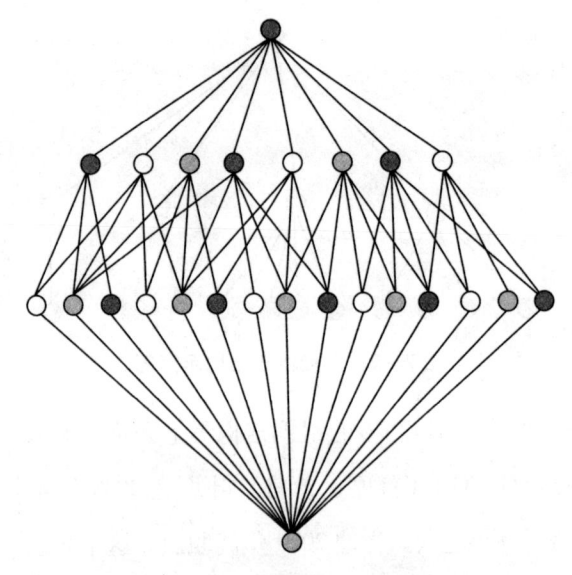

图 7-3　腾讯组织结构示意图

万缕的关系。而此中的原因便是，作为腾讯赢利的法宝，QQ 不仅是即时通信平台的核心，也搭载或捆绑着腾讯诸多产品与服务。如果想了解这一点，打开任何一个 QQ 互联网端界面就知道了。

新浪的组织结构，如图 7-4 所示。

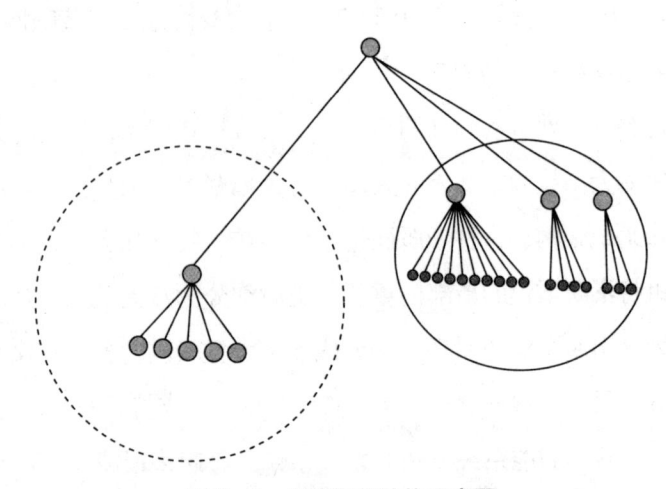

图 7-4　新浪组织结构示意图

第七章 传统产业的"互联网+"

2009年新浪推出微博,不到两年,这个产品就成为新浪最重要的增长引擎,活跃用户过亿,股价翻了两倍。微博既有媒体的属性也有互动的属性,可以发生内容,同时又是很好的传播平台,用户也开始沉淀下来了。有分析机构估计,新浪拥有中国57%的微博用户和中国87%的微博活动。如果说此前新浪的用户大多数以浏览性为主,看完就走,那么从微博开始,用户开始沉淀下来了。图中虚线所圈部分即表示新浪依托微博画了一张大饼,只是现在还没有实现。而且,它还要面对腾讯和搜狐的竞争。

华为的组织结构,如图7-5所示。

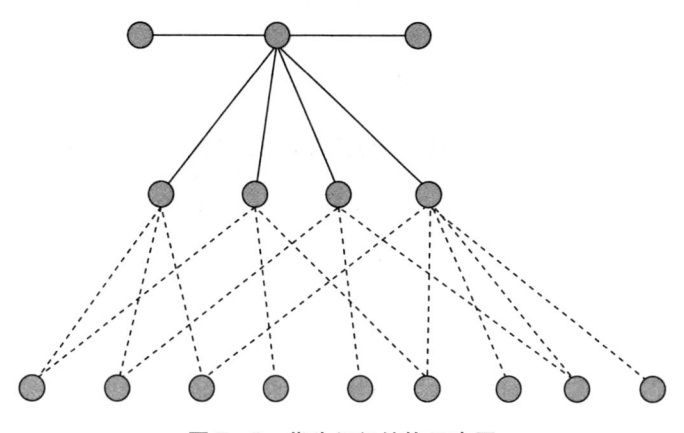

图7-5 华为组织结构示意图

华为与很多强调组织结构稳定的企业不同,华为建立的是一种可以有所变化的矩阵结构。换句话说,华为每次的产品创新都肯定伴随组织架构的变化,而在华为每3个月就会发生一次大的技术创新。这更类似于某种进退自如的创业管理机制。一旦出现机遇,相应的部门便迅速出击、抓住机遇。在这个部门的牵动下,公司的组织结构发生一定的变形——流程没有变化,只是部门与部门之间联系的次数和内容发生了变化。但这种变形是暂时的,当阶段性的任务完成后,整个组织结构又会恢复到常态。

联想的组织结构,如图7-6所示。

企业冠军之道

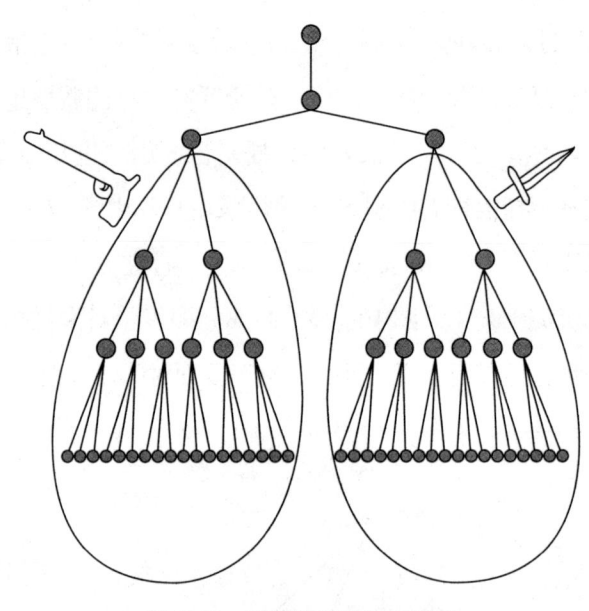

图 7-6　联想组织结构示意图

　　与很多公司一样,联想希望能够大小通吃,既做好消费者市场,又出击商用市场。前者是以渠道为核心的交易型业务,后者则是以大客户为对象的关系型业务。一家公司同时做这两块业务,某种程度上就像金庸小说里的左右互搏。联想COO刘军则将此比喻成长枪与短刀,要想舞得好,就要在价值链的各个环节做到合理的区分与整合,并细致地平衡各方利益,化解模糊地带容易发生的冲突。举例而言,与双模式相对应,联想国内的生产线、供应链的设计也兼顾了大客户和中小客户的采购特点。联想中国有两类生产线,一类即所谓的"大流水线",一台PC通过不同工序多人组装,这种模式适合大批量、规模化生产;对小批量、多品种的订单,联想则采用单元式的生产线,由一位工人从头到尾完成一台PC的组装。

　　互联网时代,企业组织不再由领导说了算,而顾客需求的碎片化与个性化到达前所未有的程度,那些无法感知市场变化,缺乏迅速应变能力的大型企业将被淘汰。及时感知、洞察到市场微妙需求,迅速行动,就必须

第七章 传统产业的"互联网+"

在组织结构上重心下移,将权、责、利向一线倾斜,让驱动企业增长的发动机从领导者和总部变为各个子部门,乃至每个员工。在这样的组织结构中,由面向市场、项目的人员组成若干个灵活、敏锐、创新的小团队,它们互相协同,但作为一个个节点再黏合成网状,后面有企业的大资源平台作后盾。整个组织运作以市场需求为牵引力,需求呼唤一线,一线呼唤后方,形成联动效应。

互联网技术

互联网技术指在计算机技术的基础上开发建立的一种信息技术,简称"IT"。它有3层含义,一是指硬件,主要指数据存储、处理和传输的主机和网络通信设备;二是指软件,包括可用来收集、存储、检索、分析、应用、评估信息的各种软件;三是指应用,指收集、存储、检索、分析、应用、评估使用各种信息。"互联网+"时代,随着大数据、智能化、移动互联、云计算等互联网信息技术不断创新应用,"互联网+"时代的互联网技术应用,正在成为改变和塑造传统产业生态格局的重要驱动力量。

1. 互联网技术的应用

互联网技术的应用可以分为以下三个方面来说明:

一是纯互联网技术的传统商业应用系统。这个系统我们也可以称之为IT系统。此类系统的应用主要是为了提高工作效率、减少失误、降低成本,比如OA(办公自动化)系统、电子邮箱,支付方面的银联、支付宝、网银,ERP(企业资源计划)仓储管理等系统。也有人称之为冷系统,就是说这些互联网技术是有固定模式的,所有流程都是固定的,不会出现隐性的、没有固定逻辑的因素在系统里，操作起来方便快捷。事实也证明了它们对企业的帮助是人力无法取代的，我们无法想象，如果那些跨国公司没有这些系统该如何管理。

二是互联网技术的虚拟社会应用。虚拟网民是我们看不到、摸不着的，但我们又想知道这些人的需求，这时候数据的价值就凸显了。现阶段，不管是互联网公司还是电商公司，对数据的应用都还很粗浅，主要原因是网站架构导致的数据混乱、精准信息无法有效提炼、网民行为差异化较大、影响因素较多等造成的。而最好的方式就是细分，像传统商业一样从百货公司到现在各种业态的零售，把客户细分后客户到店已经是比较精准的客户了，所以实体店成交转化率一般都比较高，而网上都比较低。这也是所有电商公司最应该做好的事情。也就是说，所有的互联网技术在这个虚拟社会的应用都是围绕怎么能让客户在你的地盘更好地享受，也就是我们常说的用户体验，而用户体验是基于实验和数据说话的。

三是互联网技术的智慧应用。现在所说的物联网、互联网、移动互联网甚至车联网，其实最终都是要发展成智慧应用，也就是技术可以识别我们的想法，替我们做需要做的事情。比如物联网热炒的在车上就可以把家里的空调打开、烧一壶开水、电灯打开等这些智慧应用。现在所谓的云商云技术应该也是要实现这个概念。

2. 传统企业拥抱"互联网+"的三大技术趋势

一项研究表明，在过去 15 年中财富 500 强企业中有 52% 的企业要么消失，要么停止经营，要么被其他的企业所收购，其主要原因都是由于新的商业模式或者是新的技术造成的数字化颠覆。信息技术变革正在加速融入到实体企业，从几年前的信息化浪潮变革到现在的"互联网+"，传统企业的数字化转型浪潮一波接一波。

第七章　传统产业的"互联网+"

全球最大的管理咨询、信息技术和业务流程外包的跨国公司埃森哲不久前发布了《2015年技术展望报告》，通过访谈中国CIO（首席信息官）群体和国外CIO群体后，进行反馈和对比，进一步提炼出了传统企业数字化转型的三大技术趋势。同时，埃森哲的报告指明，从现在起到未来一段时间，传统企业在数字化转型中应注意以下三大技术趋势。如表7-4所示。

表7-4　　　传统企业数字化转型中应注意的三大技术趋势

趋势	内容
互联世界	现实世界越来越多地被搬到网上，智能物品、智能设备、传感器让我们对物理世界有了更多的了解，也有越来越多的数据化掌控，这使得数字与现实世界之间的边界变得越来越模糊。企业的数字化转型中，智能硬件的作用越来越强。孟山都是一家种子公司，他们在不久前收购了一家硬件设备企业，其做法是在卖种子的同时，在地里植入一些传感器，然后把传感器再与天气的数据结合在一起，能够帮助客户提高农产品的生产。类似的例子不胜枚举，从宏观上来看，国内有60%的企业已经在考虑使用传感器获得情报了，这个数字在全球范围内仅有40%，并且只有16%已经开始实践
海量数据	随着世界互联性越来越强，传统企业自然会产生越来越多的数据，现在企业所苦恼的不是缺乏数据而是缺乏正确的数据，这里主要是指大数据、数据分析以及商务智能。有预测认为，到2018年一个企业每月的移动业务流量就能够高达16EB，但现在的企业还在讲MB、讲GB、讲TB，而一个EB相当于100万TB
智能化与自动化	在互联世界和海量的数据的基础上，传统企业就需要智能化来管理这个这么大量的数据，在埃森哲的技术展望报告中，列出了一个软件智能实现曲线的路径，先从自动化进入机器学习，再进入认知计算。由于有海量数据的存在，所以需要智能软件，在用智能软件来进行数字管理方面的例子是Netflix，它是一家流媒体的企业。他们所做的工作就是发明一些算法，来发现客户以前浏览的视频和将来可能要浏览的视频之间的关联，通过他们过去的浏览来了解未来可能会浏览什么样的内容。通过这种算法，他们可以事先能推动5%的未来视频观赏的需求，也就是说他们的预测跟实际的观看有75%的匹配度

企业冠军之道

　　成功转型数字化的企业,才可称为智慧企业,转型数字化的一个影响是对员工的再造。广东电网现在采用无人机来进行电线的线路巡检,这让巡检效果提高40倍,而人工的主要精力是用在如何来改善线路情况,不再是巡检。中国幅员辽阔,将无人机、智能化设备用于农业和输电等行业之上,可以大大节约人力资源。无人机的使用也是我们所说的数字与现实边界的模糊化的一个很重要的话题。

第八章

企业的团队重塑

在企业发展过程中,团队重塑无疑是一个极富意义的话题,因为企业成功的秘诀就是拥有团队精神,并且保证团队精神能够落到实处。有经验的企业家普遍认为,优秀的团队与企业成功一脉相承,优秀团队是企业的缩影,也是企业发展的重要保证;而企业完备的运行系统才是团队得以尽情发挥与持续成长的条件。企业的高速发展给员工提供了发展的机会、合理的报酬,这样才可以调动现有员工的工作积极性并吸引更多的优秀人才加盟公司,才能实现资源的最佳配置,继而保持企业合理的增长速度,才能永葆活力。

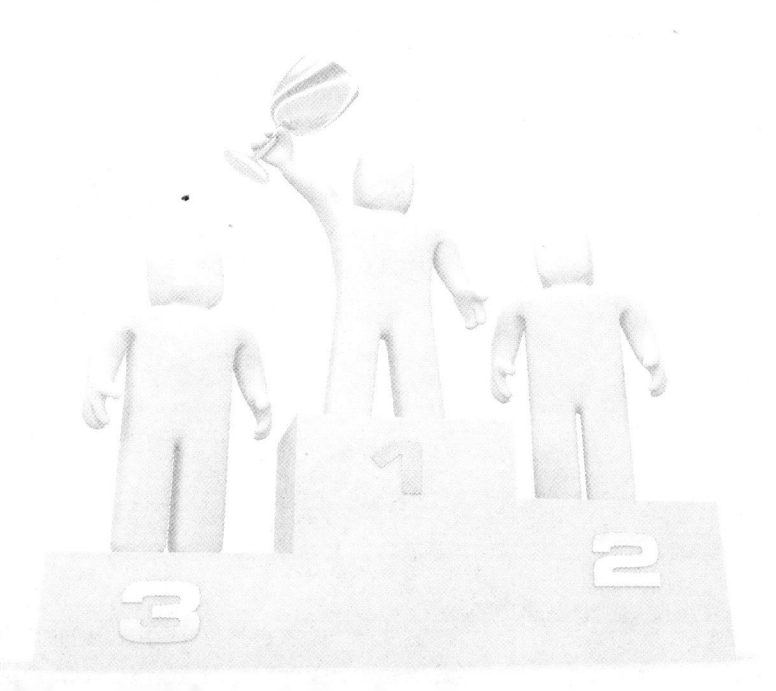

第八章　企业的团队重塑

成功的背后是优秀团队

一个企业想要成功必须要有一个好的团队！一个企业的伟大，不仅仅是因为它有着悠久的历史、辉煌的业绩、知名的品牌，而最为珍贵的是，它拥有着一个优秀的团队。在整个企业的运营上，从生产到管理到服务，没有一个优秀的团队配合，是不可能生产出好的产品，更不可能给消费者提供满意的服务的。可见优秀团队对企业的重要性。

优秀团队是由优秀人才组成的，优秀人才的引进与团队的科学管理决定了优秀团队的基本特征，而这些基本特征注定它在企业发展中发挥出重要的作用。

1. 优秀团队需要的人才

人才，是指具有一定的专业知识或专门技能，并进行创造性劳动，并对社会做出贡献的人，是人力资源中能力和素质较高的劳动者。他们有远见和新意，同时又善于听取他人意见，懂得扬长避短，他们的能力应当由以下这些部分组成：技术与业务能力、组织与规划能力、说服与交流能力、数字与计算能力、想象能力、文理贯通能力。

在团队中，几乎没有什么不可思议的事情是一个人就能完成的，都需要其他人来帮助你，你也需要去帮助别人。在一个好的团队中，都需要哪种类型的人进驻？一个团队需要具备6种人才，才能确保工作项目的圆

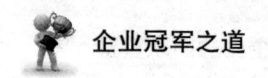

满完成与改革措施的顺利实施。这 6 种人才是鼓动者、支持者、怀疑者、严厉者、联结者和标杆人物,他们最抢手,团队最需要。如表 8 - 1 所示。

表 8 - 1　　　　　　　　　团队需要的 6 种人才

类型	特征
鼓动者	鼓动者是那种会推动你,让你思考的人。他会一直地让你有动力早起做事,尝试并将事情变为可能。你会希望他充满活力并保持热情。这是灵感之声
支持者	一个强有力的支持者堪称一个大粉丝,并且还是一个为你和你的工作进行狂热传播的人。让他得到奖励,持续让他们参与。这是动力之声
怀疑者	他是魔鬼的代言人,常常会指出一些尖锐的问题,还能提前发现问题。你会需要他的这种态度。他们常常能看到你的角度以外的事,并希望你的成功会与安全同行。这是理智之声
严厉者	他是让你把事情做好的爱找茬的人,也是冲动的管家,他会确保团队目标在截止日期前完成目标。这是前进之声
联结者	他会帮助你找到新的途径和新的盟友。这个人打破路障并为你找到魔法实现的方法。你需要他帮你接近你所不能接近的人和地方。这是合作之声
标杆人物	他是你可信赖的顾问,你的北极星,也是你想要赶超的那个人。他是你的指导单位,是时刻提醒你,你也可以做神奇事情的存在。你需要让他感到骄傲。这是权威之声

当然,拥有上述 6 种人才的团队还需要一个团队领导者,来帮助团队成员在正确的时间有效地发挥他们的才智,使他们扬长避短,合作无间。

2. 优秀团队的特征与作用

团队中一个优秀人才的加入,就给这个团队注入了一个优秀的"因子"。一个优秀团队更多的不是因为功能层次而结合,而是因为精神层次而结合,正所谓"志同道合"。优秀"因子"聚合而成的团队,一般具备以下七大基本特征。如表8-2所示。

表8-2　　　　　　　　　　优秀团队的七大基本特征

特征	含义
明确的目标	团队的每个成员可以有不同的目的、不同的个性,但作为一个整体,必须有共同的奋斗目标
清晰的角色	有效团队的成员必须在清楚的组织架构中有清晰的角色定位和分工,团队成员应清楚了解自己的定位与责任
基本技能	团队成员要具备为实现共同目标的基本技能,并能够有良好的合作
相互间信任	相互信任是一个成功团队最显著的特征
良好的沟通	团队成员间拥有畅通的信息交流,才会使成员的情感得到交流,才能协调成员的行为,使团队形成凝聚力和战斗力
勇于挑战	团队成员都是愿意尝试新事物,勇于挑战自己,给自己高的要求
合适的领导	团队的领导往往起到教练或后盾作用,他们对团队提供指导和支持,而不是企图控制下属

正是因为优秀团队具有上述特征,它才能在实际工作中发挥出重要作用。事实上,优秀团队的作用不仅关乎企业兴衰,关乎团队增效,也关乎个人成长。

关乎企业兴衰。每一个成功的企业都懂得成功不是独角戏,而是需要齐心协力的事情。成功也不是一种竞争,可以分享的东西是大量的。成功的企业更懂得,必须与拥有共同梦想或目标的团队合作,因为这能够让企业的成功来得更快、更容易。如果没有优秀团队,企业的成功则无从谈起。

企业冠军之道

关乎团队增效。一支队伍齐心协力之下，能实现得更多、更快、更容易。因为队伍的成员能够彼此看到各自的"盲点"，既可以在遇到挫折的时候相互给予鼓励，也可以填补自己技能方面的空白。一个优秀的团队更具有一种增效作用，其概念是"1+1=11"而不是"1+1=2"。这种理念在于，人们携手合作能够取得的成就远远超过他们分别努力的结果。

关乎个人成长。团队能够帮助一个人展现出自己更大的挣钱能力、才能、资源、关系、目标、金钱和技能。团队协作能使一个人在各个领域得到提高，包括经济、企业、心理、精神、感情和家庭。加入合适的团队，一个人才便会精力旺盛、信心十足、能力非凡，做好了一切准备，能够用更短的时间取得更大的成就。

优秀团队的行为标准

一个优秀的团队表现出什么样的行为？每个人都会从不同的角度给出自己的答案，就像一千个人眼里有一千个哈姆雷特一样。笔者认为，一个优秀的团队总是表现出合道、合心，进而产生合力，最后达到合拍，从而发挥出最大效力。

1. 团队合道

团队合道，就是团队成员彼此志向、志趣相同，理想、信念契合，朝共同目标，携手并肩，以期获得成功，有所成就，合道而行。每个团队都是一群志同道合的人，总是因为某种利益走到了一起。

一个团队的基础是人，能力水平固然重要，更重要的是大家的理念一定要都相同。正如鲸目峰娱网络科技有限公司CEO张一楠所说的那样：

· 188 ·

第八章　企业的团队重塑

"我是一个希望做出真正好玩游戏的人,并且我们团队都是志同道合的。这样,大家凝聚在一起才能爆发出更大的能量,才能做出比别家公司更优秀的作品。"

志同道合的团队需要团队树立自己的目标,同时让团队中的成员都能够知道这个目标,并能够认同,倘若不认同就需要舍弃这样的成员。作为一名团队中的成员,他也有自己的理想和目标,当他自身的理想和团队理想一致的时候更能激励他去为理想而奋斗,更能让他喜欢上工作,从而勇于承担更大的责任,愿意挑战困难的工作,发挥最大的价值。另外,志同道合使团队更具凝聚力,更能容易解决一些分歧,更能够推动团队快速成长,走向成功。

2. 团队合心

团队合心,就是团队成员的"心"总是往一处"想",也就是目标一致,这是团队凝聚力的表现。

建立一致的共同目标,一般有如下原则:一是目标的具体化、可测量化。二是清楚地确定时间限制。良好的目标应该是适时的,它不仅需要确定的时间限制,而且还要对完成任务的时间进行合理的规定。三是运用中等难度的目标。除了上述三个原则以外,定期检查目标进展情况,运用过程目标、表现目标以及成绩目标的组合,利用短期的目标实现长期的目标,设立团队与个人的表现目标,等等,都有利于团队凝聚力的培育。

3. 团队合力

团队合力,就是团队成员的"劲"总是往一块使,也就是行动协调一致。合力是团队合作的具体体现。

团队合作能集聚力量、启发思维、开阔视野、激发创造性，并能培养同情心、利他心和奉献精神。精诚合作会使团队分享到成功的愉悦，互助互惠能让团队取得更大的胜利。合作的结果不仅有利于团队成员自身，也有利于团队、有利于企业。建立良好的合作关系，需要确立共同目标，需要理解沟通与宽容，更需要有奉献精神、团队精神。

4. 团队合拍

团队合拍，就是团队成员在合心、合力的基础上，形成良好的合作默契，行动步调总能保持一致，心有灵犀一点通。

武侠小说里常塑造一些诸如"双剑合璧""八大豪侠""武当七侠""十八罗汉"等团队英雄。这些人聚合在一起，通常能形成威力巨大、所向无敌的能量。论单打独斗却往往抵不过一流高手。这说明团队精神的重要性。团队的协作精神，是成功的有力保障。一个再优秀的人才也会有他的弱点和缺陷，那么，要怎样做到完美呢？那就是协调配合，互补互助。这就需要团队，需要协作。"神七"问天，这一项高科技工程的完美落幕，无疑是这十几万人紧密协作的结果。在这项复杂的工程中，每一个程序、每一道指令，都需要准确默契的配合。

优秀团队打造

团队是什么？团队就是"团结起来，每个人都能做得更对，得到更多"。团队，"团对"，团结起来就对了。那么，如何让团队做"对"，从而塑造一个优秀的团队？需要把握打造优秀团队的3个关键要素，并注重用激励机制调动全体员工的工作积极性。

第八章　企业的团队重塑

1. 打造优秀团队的三要素

在所有的组织中，很少有团队能够发挥出全部潜力，更别说"每个人都能做得更对"。这实质上是团队管理者的领导能力问题。对团队管理者而言，这是个生死攸关的问题，牵一发而动全身：如果团队运转不灵，就会使整个企业放慢脚步、脱离正轨，甚至完全瘫痪；如果能打造优秀的团队，员工的潜能就能最大限度地释放，客户的需求就能准确把握，市场变化趋势就能准确预测。因此，在打造优秀团队的过程中，企业必须把握好以下 3 个关键要素。如表 8-3 所示。

表 8-3　　　　　　　　打造企业优秀团队的 3 个关键要素

要素	含义
选好团队管理者	组建班子，确定高层团队的人员组成是企业高层的职责，也是调节团队绩效最有力的杠杆。团队管理者要打造一支由适当人员组成的高层团队，高端人才可遇而不可求，是抢手货。高端人才的成因就在他的才智过人与特立独行，必然会有这样或那样的毛病，作为团队管理者，如果没有容人之短之量，构建高层团队只是海市蜃楼。另外，还要确定整个团队以及其中各个成员必须做出怎样的贡献才能实现组织制定的绩效目标，然后对团队进行必要的变动
突出重点，量力而行	很多团队管理者努力想要找到自己的目标和重心。现实中企业组织规模大，管理成本高，各类型专业人才都配备，管理能力相对比较高的各位人才为了显示自己在组织中的地位与作用，就不会从全局上考虑问题。企业制定出来的战略规划考虑各方的需要，必然面面俱到，大而全，毫无重点、执行难度极大。因此，团队管理者应该按照轻重缓急、"要务第一"的原则突出重点业务。当然，虽然分清轻重缓急，摸准重点，但是如果好高骛远，不考虑企业的资源、能力、核心竞争力必然是脱离实际，就难以行之有效

续 表

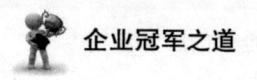

要素	含义
加强互动，完善流程	组织的规模大了，总裁、总经理、副总经理、经理、副经理、主管等均有助理或者秘书，日常运行信息的传达均由助理或者秘书来完成，非大规模的集体会议，大家很难见上一面，更别说单对单地直接深入交换意见。加上每人在组织内都是个头面人物，身段很难放低，那么相互之间就因为工作而工作，交流互动就极少了。因此，团队管理者必须不懈地关注团队是否具备有效的互动机制，而这类机制的缺失是一个常见的问题。要纠正互动机制运作不灵的问题，需要重点关注这些问题并采取干预措施，最好是在低效模式一露苗头时就加以处理。量身订制符合企业自身实际的运行流程，以科学合理规范企业的运营流程

每一个高管团队都是独一无二的，每一位团队管理者也需要应对一组同样独特的难题。企业愿景、价值观、人才观、企业文化、经营理念、组织哲学、企业行为等，使得构建高管团队的难度不小。要组建一支卓有成效的高管团队通常需要良好的诊断，然后还要进行一系列研讨会和现场工作，以便在团队专注于高难度业务问题的同时使团队能够顺利互动。当然，最优秀的团队将共同担负责任，培养保持和改进自身效能的能力，从而建立起持久不衰的绩效优势，以实现构建高效高管团队的目标。

2. 用激励机制调动员工积极性

现代企业管理的核心问题是要调动全体员工的工作积极性，规范员工的工作行为，促使每个员工都把企业看成自己的家，都把做好工作看成自己的事。事实上，绝大多数员工都愿意把自己的企业做大做强，只是某些

第八章　企业的团队重塑

生理、安全、社交、尊重、自我实现需要（马斯洛"需要层次论"）没有得到满足，才产生了于企业而言不良的行为。因此，要建立并不断完善企业文化，采取情感管理，提高领导者的领导能力，激励机制对调动员工的工作积极性具有立竿见影的效果。

激励机制是为了激励员工而采取的一系列方针政策、规章制度、行为准则、道德规范、文化理念以及相应的组织机构、激励措施的总和。通过这一机制所形成的推动力和吸引力，使员工萌发实现组织目标的动机，产生实现目标的动力，引起并维持实现组织目标的行为；并通过绩效评价，得到自豪感和相应的奖酬，强化自己的行为。设置有效的激励机制，具体可采取以下方法。如表8-4所示。

表8-4　　　　　　　设置有效激励机制的方法

方法	实施细则
制定具有竞争力的工资标准	俗话说"人往高处走，水往低处流"，特别是在经济飞速发展的今天，物价水平大幅度提高，员工的收入多少直接影响到其生活水平的高低，而生活水平的高低与员工的工作热情的高低及对企业的忠诚度成正比。如果企业的工资水平在市场上没有竞争力，企业中人才的收入不理想，大大打击其工作积极性，降低其对企业的忠诚度，最后难免跳槽到竞争对手那里。所以要想留住人才，要想改变员工的不良行为，我们务必要通过工资调查，调整工资水平和工资结构，制定相对较高的工资水平。当然企业在制定工资时也应考虑到所招人才的素质、自身的财力状况，不可盲目跟风，以免给企业带来太大的成本压力。制定具有竞争力的工资标准能够留住人才，稳定员工的心，使其为企业的价值观而努力工作，用企业的行为规范约束自己，从而起到规范员工行为的作用

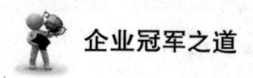

续 表

方法	实施细则
建立与绩效挂钩的奖金制度	针对不同的工作岗位设置不同的奖励措施，能够满足不同员工的不同需要，有利于调动全体员工的工作积极性。如技术骨干奖金根据其技术改造、技术创新给企业带来的利润多少来抽成；业务骨干则选择业务额、市场占有率作为参考因素；高层管理人才，可选用利润、业务额、市场占有率等多项指标考核。企业还可以根据自身的需要设立各种奖金，如"中州杯奖""平安杯奖""殷都杯奖""优秀员工""优秀项目经理""特殊贡献奖"等。建立与绩效挂钩的奖金制度，可以改变平均分配的作风，实行多劳多得的公平主义的作风，一方面对业绩好，做出贡献的员工高工资奖励，肯定了员工的能力，增强其成就感，激发其更大的热情，为企业的价值观而努力；另一方面对业绩不好的员工以惩罚，纠正其于企业而言不良的行为，对其进行培训指导，使其按企业的行为规范自觉要求自己
建立灵活的福利制度	随着市场经济竞争的日益激烈，企业可借鉴国外企业的做法，搞福利组合，如组织全体员工体育竞赛、集体为过生日的员工祝福、住房贷款补贴、免费全家旅游等。员工可根据自己的需要自主选择，而且，以后每年还可根据员工的需要不断调整。这种适应员工需要、灵活的福利组合满足员工精神上的需要，让其感觉到企业注重他，时刻关注他，使其认识到自己是企业这个大家庭中的一员。这样能更大地调动员工的积极性，增加员工对企业的忠诚度，从而有利于规范员工的行为
建立具有长期激励作用的股权制度	股权是留住和激励员工的主要手段之一。企业让员工入股，使其成为企业股东中的一员，这使企业的存亡与之息息相关。为了维护自己在企业里的利益，员工就会以最大的热情投入到工作中去，处处维护企业的利益。员工一旦成为股东，其责任感就会增加，对于企业来说不良的行为，他会全力制止，并时刻用企业的行为规范来严格要求自己，以身作则。在这方面，格兰仕公司、联想集团、深圳盛润公司等企业通过让员工购买公司股票或赠与员工股票，把员工的利益与企业的利益结合起来，极大地调动了员工的主人翁精神

第八章　企业的团队重塑

续　表

方法	实施细则
重视员工职业生涯管理	要针对员工不同的性格、气质和能力，结合员工的个人目标，安排合适的职位，做到人与职位相匹配。依据企业的发展战略，制定出切合员工本人的详细的职业生涯规划。员工能从规划中清楚地看到自己以后在企业中的发展状况。员工为了实现自己的职业目标，为了实现企业对自己的晋升计划，将会改变以往的工作行为，积极工作，开拓创新。让自己的发展目标与企业的战略目标相接近，时刻以企业的行为规范要求自己
提高员工的工作满意度	行为科学研究表明，企业员工的满意度情况，影响他们的士气，从而会影响他们的工作绩效。提高员工的满意度有利于规范员工的行为，为此可以从以下几方面来着手：一是赋予员工具有心理挑战性的工作。员工更喜欢得到具有心理挑战性的工作，这些工作能为他们提供施展技术和能力的机会，能够为他们提供多种多样不同的任务，有一定的自由度让他们决定如何工作，可以得到反馈以了解自己的工作成效，从而自己的能力得到肯定，员工心理上有一种满足感和成就感。二是得到公平的报酬。把报酬建立在工作要求、个人工作业绩、技能水平和工作态度上时，就会被视为公平，它会促使员工对工作感到满意。公平的晋升为员工提供个人成长的机会，随之增加更多的责任感，发掘出更多的潜能。三是提供舒适的工作环境。员工之所以关注他的工作环境，是为了个人的舒适，也是为了更好地完成工作。所以，我们要重新布置员工的工作环境，增强员工的满意度，进而规范员工的行为

总之，建立激励机制，是打造优秀团队必不可少的途径，是行之有效的必要措施，对于调动全体员工的工作积极性具有重要作用。

后 记

由赫尔曼·西蒙的"隐形冠军理论"想到的

在写作本书的过程中，一直有一个概念萦绕脑海，这就是赫尔曼·西蒙的"隐形冠军理论"。在这里不妨探讨一下中国的"隐形冠军企业"，并以此作为本书的后记。

被誉为"隐形冠军之父"的德国管理大师赫尔曼·西蒙从 1986 年开始，就致力于研究这样一个事实：德国的出口贸易乃至整体经济的持续发展，主要原因得益于中小企业，尤其是一些在国际市场上处于领先地位却籍籍无名的中小企业。通过研究，他发现所有的这些企业都有一些共同的特点。作为一家合格的"隐形冠军企业"，它必须达到以下三个标准：其一，它拥有其产品的国际市场份额的第一或者第二的位置；其二，它是鲜为人知的中小企业；其三，它是社会知名度低的企业。最后他总结到，"隐形冠军企业"的管理者们是一群坚定不移地走着他们自己认为正确的道路的人，他们的很多做法和现代管理的教条格格不入，或许这正是他们给的最重要的经验。

"隐形冠军企业"成功的道理，就像爱因斯坦所说的公式——$A+B+C=$ 成功，A 意味着勤奋，B 意味着智慧，C 意味着闭上嘴、不要谈论你自己的成功。其实这个大道理不仅作为"科学大师"的爱因斯坦知道，被誉为"现代管理学之父"的彼得·德鲁克也告诫过企业家，在创新时要切记三个"禁忌"："不要太聪明"；"不要过多花样，不要分心，不要一次做

后 记

过多事情"；"不要为未来而创新"。这些观点总的来说，企业家要通过创新走冠军之路需具备三个基本条件：一是把创新当作工作，创新需要勤奋、恒心和责任，要把创新变成辛苦、专注和有目的的工作；二是要想成功，创新者必须立足自己的长项；三是创新必须与市场紧密相连，专注于市场，而且由市场来推动。

赫尔曼·西蒙第一次把那些优秀的中小企业称为"隐形冠军企业"。他深信，世界上最好的企业当属这类中小企业，而不是人们所以为的大企业。这对中国中小企业的冠军之路颇有激励作用和实际指导意义。

事实上，中国不乏"隐形冠军企业"。比如，中国国际海运集装箱公司成立只有25年，但他们已经拥有50%以上的标准集装箱市场份额。再如，上海振华港口机械公司（ZPMC），全世界37个国家的150多个码头每天都有这家的集装箱起重机在工作。ZPMC已经连续数年占据港口起重机市场世界第一供应商的宝座，市场占有率达到38%。他们是中国中小企业的楷模，也代表着中国中小企业的未来。

就当前来说，中国的中小企业要想真正成为"隐形冠军企业"，必须面向国际市场的"恶劣疆场"去驰骋竞争、拼搏厮杀。赫尔曼·西蒙所说的"隐形冠军"，就是指那些非常专注、具有全球性或区域性市场领袖地位的中小企业，他们的产品不易被人觉察，加上自身低调，公众知名度比较低，但在各自行业内往往是游戏规则的制定者或无可撼动的霸主。因此，要在市场上做"冠军"，就不能像奥运健儿在赛场上"众目睽睽"地被大家审视，而必须"隐形"，做足内功，厚积薄发，这样才能成就未来。

作　者

2016年1月